我的自学人生

施慧 著

云南人民出版社

图书在版编目（CIP）数据

我的自学人生 / 施慧著. -- 昆明 : 云南人民出版社, 2024.4

ISBN 978-7-222-22430-8

Ⅰ. ①我… Ⅱ. ①施… Ⅲ. ①自学 – 学习方法 Ⅳ. ①G791

中国国家版本馆 CIP 数据核字(2024)第 057865 号

责任编辑：朱　颖　段金华
责任校对：李奕扬
责任印制：窦雪松
装帧设计：黄玉飞

我的自学人生

施慧　著

出　版　云南人民出版社
发　行　云南人民出版社
社　址　昆明市环城西路 609 号
邮　编　650034
网　址　www.ynpph.com.cn
E – mail　ynrms@sina.com
开　本　787 × 1092mm　1/16
印　张　13.5
字　数　190 千
版　次　2024 年 4 月第 1 版第 1 次印刷
印　刷　昆明木行印刷有限公司
书　号　ISBN 978-7-222-22430-8
定　价　68.00 元

如需购买图书、反馈意见，请与我社联系
总编室：0871-64109126　发行部：0871-64108507　审校部：0871-64164626　印制部：0871-64191534

序　言

转眼施慧老师到圣爱中医馆已经18个年头。一个老中医，人生的四分之一都奉献给圣爱，奉献给我们的中医梦。每想及此，我都十分感动！

施老师的这本《我的自学人生》，酝酿了很多年，现在终于呈现在我们面前。施老师今年80岁，仍笔耕不辍，渴望将知识传播给更多的人。本书文笔精练、纵横飘逸，飞扬着施老师丰富的想象力和独特的审美视觉。他秉持一颗爱心，把几十年自学的经历，命运中的起伏，各领域创作的一些细节、片段、作品融入其中，通过文字来启发读者：每个人都可以通过不断努力自学成才，在自学的过程中也能更好地筹划自己的未来。

本书有七个章节。在第一个章节中，我们可以看到施老师家族的历史脉络，家族先辈在当时具有一定的名望，并留下了很多精彩的著作。施老师创作的32部专著，也算是几代人智慧的结晶吧。

施老师是姚氏医学流派的第六代传人。从书中，我们可以看到他与中医、与姚派结缘的故事，从跟师学习中也能窥见姚氏医学的活动轨迹。

施老师兢兢业业地工作，参加各类学术及文化活动，在圣爱中医馆的18年里，总结出版了5部圣爱中医药丛书，研发了2款院内制剂，为中医药的传承做出了积极的努力。

施老师少年时，因为家庭困窘，能读书已经非常不易，但他不是缠着外婆去戏院看戏，便是照着古典绣像小说描摹人物，艺术魑魅摄去了他年少的思绪。后来，他投身医门，追逐美的欲望愈发强烈。2012年，他终于拿起画笔开始创作油画，至今已举办了7次个人画展，出版了3本画册，编著了绘画理论书籍《色彩密码》，他自学油画的方法就埋藏在这本书里。

老中医的毛笔处方也叩响了施老师年少时的情思，并激起了他对书法的领悟。他把宝贵的近暮生命沉浸在书法的世界里，一颗孤诣的心在珍惜光阴的感悟与警觉中思索着。他的书论、他的书法作品都是在看诊之余写成的，这是多么让人折服啊！

本书还收录了施老师与作曲家梁巨成先生合作的部分声乐作品，有他们往昔岁月的回忆和情感的轨迹，是这些音乐让逝去的日子复活，而且那样地有声有色，甚至须眉毕现。此外，施老师学习音乐理论，创作钢琴作品，举办过3场音乐会，创立了追梦艺术团。

他的散文，文风优雅，一行行色彩斑斓的片段，一篇篇感人心魄的文章，都融入了他真挚的情感。他笔下的每一个人物的出场，都让人在第一时间里屏住呼吸，然后就是不可抑制的心跳。他写他们的心灵、命运、爱情，显露出文友人性美的光芒。他在云南蒙学研究会成立的19年里做了很多工作，也留下了他繁忙的身影。

纵观施老师的自学之路，深感施老师的多才多艺。耄耋之年的他还在制订新的自学目标，生活中那些无形的折磨没有使他失去激情，他的豪气、他的浪漫、他的梦想，全都达到了极致。他永远行走在自学的长路上，喝他的茶，饮他的酒，唱他的歌。或许，施老师还在策划一些更深层次的人生命题，让我们拭目以待。

刘　琼

2023年8月

目　录

第一章 家族的历史脉络

记得小时候我们家住昆明南极巷，父亲每天沿着青石铺成的巷道，牵着我和二弟，向右拐，上一个坡，送我们到福照街幼稚园。每天放学回家，照例是要检查功课，答不出来则罚跪。我跪得最多，憋着气不哭，一跪半天。父亲板着脸，母亲则在一旁手足无措。那年我5岁。40年后重逢，忆起当年，父亲内疚地说："太严了，当时不知你有疝气……"

6岁那年，父亲离家去了台湾，对父亲的印象从模糊到一片空白，这片空白，40年后才逐渐填补起来。

1996年，父亲从台湾叶落归根回到故乡，已78岁。同父亲生活在一起，才知道父亲右耳重听，对他讲话要大声，并注意方位。他听见了便微笑，点点头，那是一种惬意的笑。他的思维是清晰的，像年轻人一样活跃，朋友来访，古今中外，无所不谈，兴之所至，一坐半天，毫无倦意。

也许是人生苦短，父亲每天清晨都要虔诚地泡上一杯咖啡，坐在阳台上，静静地注视着窗外的兰竹、海棠……昔日的思绪也就融化在这含糖的飘香中。他随后拿出当天的报纸阅读，那肃穆的神情，令我走路也得放轻脚步。台湾同乡张维翰先生送了一副对联给父亲："文章尔雅居环竹，气味新鲜室有兰。"这也许就是父亲人生的写照吧！

父亲生活整洁有序，但饮食习惯同我们有差异，他喜吃甜食，味要浓，很少吃辣椒。有时台湾的朋友来看他，我的妻子在一张餐桌上做了两套不同风味的菜肴，诙谐地说："一桌多味，各选所需。"大家欢声笑语，其乐融融。美国的亲人来电话，父亲会像小孩过节一样，神采飞扬，语声特大，往往通话时间已经很长了，依然意犹未尽。

父亲周尔新

有时，夕阳西下，金色的阳光洒满客厅，父亲会点上一支烟，透过徐徐升起的烟雾，默默凝视着远方。每当这时，我就会缠着父亲，给我讲一讲家族的过往历史。

父亲周尔新，我原名周元璋，后跟母姓，改名施慧。

父亲说："我周氏原籍江苏常州，堂号'爱莲'。本支脉一世祖系清朝康熙皇帝的鸿学博嗣，兵部尚书。历代都是书香世家，传至我已是第十一代。家谱因国事有变散佚。幸我在青少年时阅过一遍，就记忆所及溯自曾祖父简述为次。

"曾祖父字白山，名已不记，出身进士，游官至黔，任贵州都匀知府，著有《白山竹堂记》9 卷、《水晶注》1 卷。曾祖为官清正廉明，为邑人爱戴，曾在都匀刻有'去思碑'。曾祖母的父亲是当时贵州第一名人高时二，曾任三江总督，乃章孤子留居贵阳焉。

"祖父字谨奄、偿锦，才识横溢，工书画，曾中举。青少年时为云南府台文案，专写奏折。后任鹤庆知州，与知府劳荫堂(其父劳重光为前云贵总督)交笃，因而指腹为婚。

"父亲周樊昌，字少云，曾受新式教育，沉迷于科学，一心要创办实业。成年后乃由祖母率领离家来昆明，与母亲劳注蓉完婚。母亲为大家闺秀，四德兼备，时称劳二美人，与远道而来昆之俊男结为夫妇，一时传为佳话。"

经过父亲的讲述我才知道，爷爷周樊昌原来在贵州晴隆县开过"晴隆矿业公司"，后来又在云南的禁烟局任职，多年后在征税途中患痢疾病故。父亲在他的自传中借崔题诗写道："黄鹤一去不复返，白云千载空悠悠。"那年，爷爷 46 岁。

父亲回忆道，当时省政府在昆明西郊潘家湾兴建了一座规模宏大的医院，作为昆华医院的新院址，后来教育厅又将整个潘家湾区域规划为昆明的学区，兴建中的医院加建了一座教学大楼并增添体育设备，建成一所完备的学校。昆师是由云南高等学堂演变而来的，历史悠久，是云南首座高等学府，自然优先迁入。省府派留美博士李君范为校长，十年报考学生风起云涌。父亲虽只报考了昆师一校，幸被录取。

父亲在昆师毕业后即开始从政，后到台湾。1988 年两岸开放后，父亲多次以台北云南同乡会总干事的身份往返台湾与昆明，为促进两岸的交流做出了积极的贡献。2009 年，父亲去世后，著名史学家郑千山曾撰诗一首：

两岸同荄系百年，青云有志赋三千，
丹心铁骨归戎马，瘗鹤仙涯属迤滇。

母亲施莲芳

母亲施莲芳，1922 年 2 月 5 日生，今年 101 岁。她从昆华女子高中毕业后一直从事会计工作。我的外公施炳煊，政法大学毕业，作为律师，一直在法院工作。外婆李月清是四川慧丽人，因外公早逝，外婆拖着孩子，靠她一人做蜡烛为生，其生活的艰辛可想而知。

20 世纪 50 年代初，我家住在昆明南城墙下的一条小巷里。城墙上长满了茅草，砖缝里长出许多小树，它们随风起伏，瑟瑟作响，各种虫类在这里繁衍生息。我们在城墙上捉迷藏、放风筝、滚铁环的情景现已淡忘了，唯对儿时的秋虫，我一直难以释怀。夏末初秋，满天繁星，我和弟弟躺在城墙上，茅草随风摇曳，尚可隐约辨认。茅草底下闪现一点点忽明忽暗的白光，在向旷地移动，那是萤火虫。它们好像在乱窜，又好像在互相追逐，追着追着，被追赶的一点白光，忽然隐没了。整个城墙上，一明一暗，点点光亮，与天上的星星同样繁多。我和弟弟悄悄把萤火虫拿回家，带着它进入梦境。外婆是禁止我们玩的，她认为萤火虫会钻进耳朵，把脑吃掉。

由于萤火虫，腐草竟然成鲜花。《红楼梦》第五十回曾把它演绎成一个有趣的字谜："李纨又道：'绮儿是个"萤"字，打一个字。'众人猜了半日，宝琴道：'这个意思却深，不知可是花草的"花"字？'李纨笑道：'恰是了。'众人道：'萤与花何干？'黛玉笑道：'妙的很！萤可不是草化的。'"

夏末初秋，蝉在城墙上的绿荫中临风高唱。有时我从城墙上走过，往往有几缕的蝉声在树上鸣奏着，忽高忽低，忽断忽续，此唱彼和，在那里唱着清幽的曲子。在历代咏蝉的诗文中，当推曹植的《蝉赋》："实澹泊而寡欲兮，独怡乐而长吟；声皦皦而弥厉兮，似贞士之介心；内含和而弗食兮，与众物而无求；栖高枝而仰首兮，漱朝露之清流。"

古人说"以虫鸣秋"，鸣虫实是秋季的报知者、秋情的挑拨者。当时我们曾如此忘情地迷恋着蟋蟀，哪怕火辣辣的骄阳把城墙上的地皮晒得冒烟，草丛里总拱着我们晒得黝黑的背脊；阴森森的秋夜里，城墙边总闪动着我们蹑手蹑脚的身影……只要看见那两根摇动的触须、油亮的小方头、透明的翅翼和尾巴上那钢针似的"双枪"，我们就怦然心动，一切全忘了。

凡是有关蟋蟀的诗歌，差不多都带着些悲戚的，也许是秋天的背景与诗歌上的传统口吻养成的观念情绪吧。如姜白石咏蟋蟀的《齐天乐》云："庚郎先自吟愁赋，凄凄更闻私语……"蟋蟀的鸣和南欧人在恋人窗外所奏的夜曲同是哀切的恋歌，我们只要循着蟋蟀的鸣声，把城墙边的石块或落叶拨去，常发现在那里是雌雄一对。

秋虫的鸣声最复杂，无论是蝉的清幽，蟋蟀的唧唧，还是金铃子的丁零，它们唱的是秋之歌，生命之曲，常常引起我一种清远而幽奇的遐想……

50 年过去了，我对于秋虫的怀念，仍是有增无减。

2012 年我与作曲家梁巨成先生合作了一首关于秋虫的作品，至今，我仍会在音乐会上演唱。

秋　虫

Autum insects

《秋虫》曲谱

小时候，在南城墙上，我们也演戏，演戏母亲是允许的。现在回忆这儿时的事，常常使我神往，且在我看来，那些戏里的主人公便是我，何等甜美的回忆！那时我们家住南极巷，大毛是当时我们这些小伙伴中的大阿哥，他父亲是泥瓦匠。我们常常做一些木刀竹枪，做几个假胡须，粘在下巴上，就在巷里做戏。我做的往往是诸葛亮、刘备、宋江一类的文角儿。只有一次，我做史文恭，大毛做小李广花荣，他一箭把我从凳子上射倒下来，这算是我最开心的一次玩艺了。

当然我们也演徐庶走马荐诸葛之类文戏，感受大野中那位热肠而又洒脱风雅的名士，骑马倚长桥，满楼红袖招。你看那于绿草垂柳临风伫立的金陵年少，丰神俊朗，多么风度翩翩。扮演这样的角儿，那应当是很痛快的事了。后来我陪外婆到现在的艺术剧院看京戏，才知道演戏原来是很风雅的事，并非那样简单，就连那几件行头，那些个讲究，就够你研究的了，更别说西皮、二黄那些声腔的变化了。

我陪外婆看京戏，常常坐在第一排，台上那青罗战袍飘开去，露出红里子，踢蹬得满台灰尘飞扬。还有那紧张惨烈的一长串拍板声，或是吃力的思索，或是猛省后的一身冷汗……连哭泣都有它显著的节拍，一串由大而小的声音珠子，圆整、光洁。再加上动作、服装、脸谱的色彩与图案，这些形成了京戏夸张的整体效果。比较这些，我们儿时的演戏就显得朴质而幼稚了。有一次看《空城计》，我同外婆谈起与小伙伴演这戏的情形，外婆微微一笑道："京戏这东西，复杂得很，就像城头上的诸葛亮，心计深呢！"我知道外婆是信仰诸葛亮的，而我却在想：诸葛亮为了"先帝爷"的一点知遇之恩，便舍命亡身地替阿斗争天下，胡子也忙白了，他在背地里会觉得不值吗？在锣鼓喧天中，是否有点凄寂的况味，这大概就是演戏时不易把握的浑朴含蓄吧。

京戏的美，京戏狭小整洁的道德系统，都是离开现实很远的。我成年后便远离京戏这个世界而喜欢上声乐了，还写了一些声乐作品与钢琴曲。回味起儿时演戏的拙笨动作我往往会开怀大笑。

儿时的趣事，不是件件都是轻松的。因为一只手表，母亲给了我最严厉的惩罚，在我逝去已久的儿时回忆中，一直带着一种无可奈何的悲戚。

我6岁时，父亲离昆去台，遗留下母亲和我们兄妹5人，家中内外一切责任全部由母亲负担。母亲年轻时，每晚上都要洗出好几木盆的衣服，没冬没夏，日日如此。现在母亲的双腿肿得很厉害，那是她年轻时因为生活困窘，冬天挖大观河冻出来的关节病。在我的记忆中，她的手终年是鲜红微肿的。母亲做事永远丝毫也不敷衍，屋里屋外收拾得清清爽爽，旧桌面上没有尘土，残旧的铜器发着光。院中，几盆石榴和四季海棠，永远会得到应有的浇灌和爱护，年年夏天开许多花。记得有一个夏天的深夜，我忽然从睡梦中醒过来，从帐里望见母亲独自一人在灯下做鞋底，她手上一针不停地做青布鞋，汗珠从她的额头往下流。这时万籁俱寂，只听到滴答的钟声和母亲的呼吸声。

有一天下午，我看见桌子上摆着一只女式小手表，十分精致，大概是母亲结婚时留下来的纪念品吧，可以说这是家中唯一值钱的东西了。手表"滴答，滴答"的声音吸引了我，我在桌旁转悠了几圈，心想里面为什么会发出声音。我终于忍不住把它拆开了。结果可想而知，弹簧一断，零件落得满地。母亲刚好洗完衣服进来，一看什么都明白了，不由分说，找来一根二指宽的竹板，朝我的腿部和臀部就打，痛得我泪如泉涌地哭了。打了一阵，母亲撇下我出去找了一个凳子坐下，她静寂无语地流着泪，脸色是那样地苍白。

看着母亲流泪，我反倒停止了哭泣。当时我不明白，母亲痛打了我一顿，为啥她自己反倒哭了？多少年以后我才知道，那块手表在母亲心里的重要，那是她人生旅途中留下的唯一的珍品，我太伤她的感情了。

我的外婆是一位慈祥而爽直的老人，一直与我们相依为命共度人生。由于晚景凄凉，她慈祥的脸上常常显着忧郁；由于她对我们兄妹的钟爱，当看见我们玩耍的时候，她的脸上便显出了微笑，但常常又有些晶莹的泪迹埋藏在她微笑的眼睛里。

记得有一年，在我对事物都还很模糊的年纪里，我们家的大门上挂了艾叶和菖蒲，堂屋的桌子上摆满了包子和粽子。我们兄弟三个跑出跑进。

当时我不明白，为什么门口要挂一些草，一点香味都没有。那是个天气很热，有时又有一点飕飕的凉风袭来的仲夏的日子。外婆拿出三件蓝布新衣裳，叫我们兄弟三人换上，先我不肯换，后我换上新衣服便感觉身体发硬，浑身不自在，心想还是穿旧的好。

等母亲从外面买了鸭蛋、雄黄酒回来，我们就围坐堂屋里的一张方桌，开始我们的午餐。外婆说："今天是端午节，小孩子要穿新衣服，要喝一点雄黄酒避邪。"于是我对端午节有了一个模糊的印象：端午节便是门上的艾叶与菖蒲，堂屋桌子上的粽子、包子、鸭蛋、雄黄酒，再加上一件外婆逼我们穿上的蓝布衣服。后来外婆又给我们每人脖子上挂上一个彩色丝线缠成的小粽子，当你看到它华彩的时候，同时也就闻见了袭人的香气，大概里面包着一些檀香或沉香一类的中药吧。多年之后，当我做了一名郎中，考证了艾、蒲、雄黄的药理，才真正明白端午节人们插艾、蒲，吃粽子、饮雄黄酒和在小儿衣襟上系香袋的真实含意。从那次以后，我记住了端午节。年年的端午节总是吃粽子、喝雄黄酒，但是有一年突然改变了，没有了粽子和雄黄酒，更没有彩色的丝粽子，以至于连端午节也没有了。其实有是有的，只是被我忘记了，因为这年的初春我的外婆去世了。

现在又是逼近端午的日子了，骄阳下还有着飕飕的凉风，市面上已经有了粽子卖，田野里的野艾和菖蒲已经成熟了，我工作的圣爱中医馆也特意备置了雄黄，但是我的童年消失了，也没有了陪伴和抚育我们幼年的外婆。

我怀念我的外婆，我怀念外婆赠予我的五彩丝粽子！

母亲说，我周岁时，循例在一只漆盘里挑选一件东西，以卜将来志向所趋。我拿的是一支笔，好像是一支毛笔吧。我母亲记得是如此，我外婆坚持说我拿的是一枚钱币，不知哪一种说法比较可靠，但无论如何，从小似乎我就很喜欢读书和写字。我母亲非常诧异地发现

外婆李月清

这一层，常常感叹："没有办法，小祥就是喜欢读书。"

我母亲是个清高的人，有钱的时候绝口不提钱，即使后来为生活所迫也还是把钱看得很轻。这种一尘不染的态度对我很有影响，以至于多少年来，生活虽然清苦一些，我仍然喜欢读书和写作。2002 年我与文林美术馆合作设立了"文林美术馆施慧美术奖"，至今已颁奖四次。母亲闻讯后大加赞赏。

我读书的嗜好，是从绘画开始的。我还记得，在一个初夏的黄昏，蚊子成群地在院子里上下飞舞，我的一个寂寞的心儿仿佛动了灵感，跑到父亲的书房，拿起铅笔，用绵纸蒙在小说的石印绘像上，摹画书上的英雄美人，那时我 6 岁。我拿了第一次的创作给母亲看，忙碌的母亲把我推在一边，并不睬我。我负气地拿了去给外婆看，温柔和蔼的外婆夸奖了我。有一天，被父亲看见了，挨了一顿骂。我是外柔内坚的孩子，每找到避开父亲眼线的机会，就心血跃跃地丢开幼稚园留下的功课，偷些绵纸去摹绘我最心爱的图画。结局是遭一顿痛骂，摹绘的图画都被搜出来撕毁了，于是我失掉了学做画家的机会。直到二十多岁我参加工作后，虽然有了接触绘画和雕塑的环境，但儿时的那种感觉已经荡然无存了。

我喜欢看书是外婆感染的，外婆喜欢讲故事。夏夜，我们兄妹几人围着外婆在小院里乘凉。小院里铺的是光滑的青石头，凉爽爽地，花台上种着花草。大红的月季和白色的蔷薇，已超过墙头爬上了屋顶。肥胖的猫咪也独占一席，舒坦地偎依着我们，时而把头枕在外婆腿上，时而用爪轻轻抚弄我的衣角。外婆的故事讲得娓娓动听，我们听着忽而笑容满面，忽而愁眉双锁，连那猫咪也伴和着，温柔地咕噜咕噜念着什么。讲到孤女患难或义妇含冤的凄惨情形，外婆往往便热泪盈眶，泪珠往颊上涌流着……

后来我已不满足于听故事了，我把能借到的书都统统借来读了，后又千方百计地攒钱去买书。记得甬道街有几个旧书店，我隔不了几天都要去一趟。先看中国的小说，后又看俄国的托尔斯泰、屠格涅夫等人的小说，海涅、拜伦、雪莱的诗。这样拼命地看书，把我眼睛弄近视了。没有师友的指教批评，我不知道谁的书好，也不知道要喜欢谁，只是书一到手，我就要从头一字看到最末一字才放手，上厕所也手不离书。

终于有一天，母亲让我准备读初中去，我知道童年结束了。我虽然喜爱文学，但文学是需要培养的，我没有培养它的力量，我离文学太远了，但我一直坚持文学创作，后来成了云南省作协的会员，出版了多部散文集和艺术评论。

现在我对这些儿时的乐事久已缘远了，但依然记得儿时演戏时的一本正经和在文明新街围着跑马灯转悠的情景，还能热烈地回忆起神情活跃的二弟和三弟。是呀，儿时的梦好比那风雨中的花朵，转眼，人事坎坷纷乱，我们都苍老了，但是儿时的童趣，一说起来就历历在目，让人去追寻童年的美丽的梦！

我和二弟在昆明第二中学读初中，同在一个班。因家庭困窘，外婆为我和二弟每人做了两双麻鞋，鞋头上有一个红缨球，很好看。第二天，我和二弟穿着麻鞋进学校时，引发了满校园的嘲笑声，我恨不得找个地洞钻进去。后来我就把红缨球摘掉，掩埋在学校附近的泥土里，然后再埋上一个石头作为记号。

两年后，我考上昆明第十四中学。回忆起这件事来，我平淡的少年岁月里有着一个红缨球的样子。

在我记忆中深埋的那个红缨球，是什么样子呢？

有个星期天我从学校回家来，就去昆明二中附近找到了那块石头，我小心翼翼地挖掘，如同考古学家挖掘远古的墓葬。我小心翼翼地挖掘我的记忆。

刨去表层的腐殖土，刨去岁月的尘埃，我一点点接近时间深处的东西。终于，在石头底部我触到了一个硬物，潮湿的泥土芳香笼罩着它。红缨球安卧在地层深处的温暖里，它已经与泥土打成一片，它已经习惯于地下的幽暗宁静，在石头的把握里，在泥土和地气的劝说下，它正在慢慢地变成别的事物。

我久久地凝视着它……

我至今还记得我穿着麻鞋走进教室的那一瞬间，所有同学的目光都看着麻鞋上的红缨球。这时候，我不敢看同学们的姿势和表情，目光看向窗外。我只感到天上和地上都弥漫着忧郁、潮湿的云。

是的，那天下午，天几乎要黑下来，接着是一阵又一阵炸雷，忽然大雨开始了，那真正是天河决堤。放学了，同学们都无法离开教室，只有我独自走进大雨，同学们看不见我的背影，只看见在雨雾里移动的红缨球……多年来，我仍记得那个雨中的情景。

那时，二弟常约我夜里去帮人推板车，挣点零花钱，天亮时才偷偷回家来。推板车就是穿着这双麻鞋走，很舒服。麻鞋似乎与地面达成了默契，它知道必须承载着我和板车的重量向前方行走，它简洁地说明了我们兄弟当时的生存状况，也使我理解外婆在做这双麻鞋时深埋在她眼里的泪花……

人在少年或青年时代都难免对人生抱着太多的理想化的想象。那时，我常常对着雨后的彩虹，对着静夜繁星满天的宇宙，对人生做一些浪漫的设计，而全然不管也不想，在浩大的宇宙里，其实做一颗星或做一只小昆虫，都很孤独，都很不容易。

想着想着，我又将刨起的土还回原处，掩埋了红缨球，我告别了我早年的记忆。这再一次的掩埋，使我的记忆更深。人总是在他的岁月里埋藏一些什么，比如埋一个红缨球，埋一个永远孵不出天鹅的鹅卵石，或者埋一些泪水，埋一段初恋……

童年的除夕夜，每次外婆都将自家的炉火烧得红通通的，冒着肉香的锅炉将团团围坐亲人的笑脸照得喜气洋洋。那时年幼无知，不懂什么叫诗韵，倒是走马灯、鞭炮、万花筒那些玩意儿，好像特别耐咀嚼。

童年的岁月里，一年中最高兴的时节，自然要数除夕了。辞岁之后，从外婆处得到压岁钱，红纸包着，放在枕边，只要过一宵，就可以随意用了。那时睡在床上，看着红包，想到明天就可以买鞭炮、玩具刀枪、小人书……心里会不由得兴奋起来。

按习俗，初一是不洗、不扫、不泼水、不用刀剪的，故除夕这天要做很多的事，杀鸡当然是在除夕这天了。鸡通常是母亲杀。等我起床来到院子，地上已经放着一个白瓷碗，里面盛着半碗冷却的黏稠的鸡血。母亲拎着两只僵直发青的鸡爪子，正把湿漉漉的鸡往热水里反复浸烫。这只公鸡是外婆前几天买回来的，它有着锯齿形的冠子，墨绿色的羽毛闪烁着光泽，每当微光乍现时它就开始打鸣，搅乱我的美梦。而现在，这个热烈呼唤光明的家伙，已经成了春节的第一个祭品……从羽毛脱身而出的光裸、瘦小塌瘪的尸体，让人难以相信这就是那个神采奕奕的司晨者。你看它脖颈松垂，紧闭两眼，肉粉色的身体被打开，内脏被掏光，既失去了美丽的羽毛又失去了内脏，在前往死亡的路上它已被脱得精光。

古代的祭祀仪式，是建立在牲畜替代的死亡上的。必须有血，节日才显得醒目。春节，是变得鲜红的日子。

看完了春节的祭祀仪式，我发现，旧年留下了最后的礼物：雪。

雪在继续，地上已积了厚厚一层，说明从昨夜就开始了。雪悄悄绕过梦境，使梦境中叶脉般纤细又交错的小径能够通往黎明……我站在屋下仔细聆听，落雪的时候多么静谧。在雪天，我们全是幸福的聋孩子，只要闭上眼睛，就等于什么都没有发生，包括悄无声息的寒冷……除夕雪和童话相仿，都透明、晶莹，钻石一样闪亮，开花一样短暂又无声，而童话就像雪终将融化……大概是担心雪的融化，两个弟弟冲到院子里忙着堆雪人，我站在一边看着他们。飘落的雪花在我的舌尖上降落又消融，它的甜在回忆中真实而持久，像年糕上的白砂糖。

下午，美的食物跟随着节日来到了舌尖，托盘上盛着水果，汤锅里煮好了排骨萝卜汤，大瓷盘里堆满了馋眼的油炸红绿丝，外婆在案板上排列着饱满的肉馅包子，原本空荡荡的食品筒放满了酥皮糕点，一块块松脆的糖果在我嘴里甜蜜地化开，母亲在铁锅里翻炒的葵花子也传出阵阵香气。

母亲平时节省开销，似乎就是为积攒下来留待春节加以挥霍，这时节俭变成了慷慨，谨慎变得松弛。我们也从作业和家长的训斥中解放出来，为所欲为，而我却由此受到了处罚。我手背在身后，双脚并拢，贴墙站在屋檐下，难受地看着雪地里追逐嬉戏的弟妹，并难堪地接受着别人的询问。我一抬头，楼上厢房的窗前站着理发师冯先生的女儿，大概她猜到我犯了错误，看着我捂住嘴在笑，样子憨态可掬，笑容里、发梢间，盈满了少女的倩色。现在回想起来，那已经是太过遥远的事了，但她婷婷的身姿，竟然在我眼前鲜活起来。

我的错误是在偷吃放在高处的油炸藕圆子时打碎了一瓶芝麻油。因为春节的许多特别的约定——不说不吉利的话、不打孩子、大年初一不倒垃圾等等，心疼不已又气得发抖的外婆才按捺住自己，将我从轻发落，罚站一个小时，对我的过失给予少有的宽容。二弟一脸幸灾乐祸的样子，出出进进的，专门在我脚周围砸响几个落地响。

到吃午饭时我被解放了，虽然还有一点委屈的样子，但春节是低沉音乐中突然提升的部分，是经砂纸打磨后从尘垢中露出的一小块银子般的光亮，我又变得无拘无束的，只管肚子丰收，无名的喜悦扩大在我们无邪的眼睛里——我们还不知道要面对怎样伏笔深藏的未来，也没有兴趣推测它留给记忆的遗产会有多少，只是大人更热烈地欢迎着节日的气氛。吃过晚饭，信佛的外婆敬神去了，对整天烟熏火燎的灶神也尊重起来，我们则提着几天前买的走马灯冲出院子。

来到巷道里，看到远远近近飘动的灯笼，却看不到提着灯笼的孩子——矮小活泼的蒙面人，这更增加了夜晚的寓言性质。当巷道里的小伙伴把灯笼聚拢在一起，夜晚压低的檐角，就筑起了一座金色的蜂巢，在雪地的衬托下显得特别的壮美，好像灯笼搬移着这个夜晚。有时莽撞的孩子提着灯笼奔跑，也会使火苗改变方向，然后燃着了的灯笼就像魔鬼的黑舌头舔进嘴里的棉花糖，消失得不留一点痕迹。

我们玩得正高兴，巷道里走来了许多拿着鞭炮和礼花的大人，后面跟着一群孩子，我感到春节的一场盛大的纵火仪式就要开始了。胆大的男人坚持用手捏着鞭炮放，小孩子喜欢亲手点燃咝咝作响的引线，而我则迷恋一种叫“升高”的礼花炮，捻子点燃后握在手里，每一颗彩珠离开线筒时都会带来轻微的震荡，它们拖着明亮的弧线最后在空中闪耀。过于壮阔的美则让我虚弱。到处是灿烂的焰火、爆竹的纸屑，就像是落了最热烈的花瓣，碎了的点点红色映在小巷的雪地上。那些带着灯笼兴奋地跑来跑去的小伙伴，不知道橘色的焰火正因他们的走动，在黑色衬底中变了图形……

听到母亲的呼叫，才想起外婆说要守岁的事。回到屋里坐了一会儿，想起昨天买到的万花筒，就拿出来玩，从万花筒的这边张望，每次轻轻地旋转，里面就展现璀璨的新图案，让我沉迷在似乎是无限的变幻里。万花筒的伟大魔力，是它用简单材质构造辉煌宫殿，用微小的种粒铺开朗阔的春天。那轻飘、琐碎、暂时的彩色纸屑，却让我对美保持了永久的饥饿。

玩着玩着，外婆走过来了，脸上笑开了一朵菊花，她用细瓷的蓝花大盘装满热腾腾的米糕，端端正正地放在我们的面前。米糕白白的松松的，上面堆着的红红绿绿的丝条和红糖蜜的香气已迎面扑来。我细嚼慢咽，总想品出让我念念不忘的那种味道来。

突然，几声巨响破空而来，打破了小巷的寂静，轰隆隆的花炮声、噼噼啪啪的鞭炮声将小巷炸得通明透亮。

我还未来得及细细品尝完一块米糕，我还未洗心革面，新年就披着成千朵燃烧的火焰以武士般迅雷不及掩耳的快捷来到了。紧接着一阵震耳欲聋的叫喊声，人们冲出了家门，拥在了巷道。霎时间，天上华光流彩，天地间斑斓绚丽成一体。

小巷的温度升高了，空气中弥漫着花炮的暖意，使得这个年三十的雪夜竟有了幽静宜人的深秋的气息。南城墙上的枇杷树枝摇过来一阵阵清香，清香中透着迷人的春意……

除了童年的快乐，成年后有时也会想，故乡的秋，特别地来得清，来得静，用一点淡淡的惆怅包容了我们。于是，我们便把心裁成无数条丝带，在故乡的秋里随风飘荡。

当然，故乡的秋，偶尔也会带给你莫名的惆怅。

1965 年的秋天，高中毕业的我，曾一个人郁闷地在大观公园湖边的步道上，迎风走了一个整整的早晨。寒冷贴着广阔的湖面吹袭过来，秋光已经无法阻止这种冷锋如刃的气势。我记得那天的湖边阳光蓝得特别透明，而我的心里却有一种失败苦涩的感觉。

一只鸟横着穿过透明而寒冷的湖面上空，猛力撼动着翅膀。我估计它可能只为了一顿温饱的早餐。在落叶一部分掉进湖中之时，它就再也无栖身之处，我怀疑它会选择那些不起眼的枯败草丛落脚。但纵使我有栖身之处又如何？那年的秋天，我确实感到了昆明秋风的萧瑟，那一年我没有考上大学。现在我喜欢在秋天的薄暮中散步。

1997 年，与友人应昌、冯翔在一起吃饭，他们说高中毕业后常靠着昆明医学院的围墙，对着又大又红的残阳，反复唱着《三套车》《草原》《鸽子》这些歌曲。而我当年没考上大学，也是在昆明十四中的大门外唱这几支歌，我惊讶于这种巧合，一时怔住。后来我去了昆明市财贸干校学习，毕业后分配到昆明市百货公司工作，直到 1994 年退休。

2003 年我们去了九乡，回来总想为它写点什么，但一直没有写出来。倒不是无话可说，而是舍不得清理藏在记忆中的那种朦胧美妙的感觉。

家人游九乡（摄于 2003 年）

夏风飒飒，我们内地的兄妹与美国来的亲人，一同走在碎石嶙峋的小道上。我们踩在沙沙作响的树叶上，也踩响了我们落叶般稠密的岁月与往事……往事毕竟过去了，如一丝缭绕不息的梦魂，预示着不可勘破的天机。

刚刚踏过路南石林的幽趣，我们又处于九乡的闲雅之中。妻子在同一心妹缓缓地讲着什么，而映入眼帘的都是清新和自然，是一种古朴情调的景色。一心说："在美国都市中，这样的景象连梦中都是不敢奢望的。"

说着走着，我们到了峡谷观光电梯前。在 50 米的徐徐降落中，大家在观看山崖的突兀峥嵘，而我却飞出目光，从电梯隔玻外的青峰和澄明的风影间去漫寻清代章声残遗的画迹。

不知不觉中，起风了，我们来到索道的起点站。这时暮色将临，旷野的色彩厚重起来。我们坐在缆车里眺望夕阳中的九乡，天玄地远处有一抹雁阵的影子，那是我们飘然远去的年华吗？

看着此种风景，寻胜的心也在清婉的调子里沉着。我素来偏爱欣赏古建筑在夕照中独显的苍凉美。20 年后，九乡夕阳风韵中那些清丽的描画和冷静的抒情已经融入了我的油画作品中。

九乡的风情融进书卷的气息，为我们日后的忆想平添了些忧郁的诗意，怀恋的深长也尽够我那美国的兄妹感受的了。想着想着，晚寝的父亲在灯前伏案的影子宛似可见。父亲生病未来，我犹如听到颤响于他心底的微音……

20 世纪 70 年代，当时喜欢摄影的我，常常用垂柳、树影、白云匹配成景。就是岸边的一块丑石、一栋茅舍、一架瓜棚也能谐而成趣。

那时我们会在海边待上一整天，看书或游玩。有时我乘着早上的雾气朦胧给当时还不是妻子的她，拍下了许多珍贵的瞬间。许多细节和话语，全部随水而逝，妻却一直在我身边。

妻子武宝惠(摄于 1976 年)

巽园（摄于1975年）

生活中的妻子，比较喜欢素色、淡雅的服装，这与她不事张扬、处事低调的性格不无关系。经过岁月的积累和个人知识修养凝练出来的烹饪技艺，也成就了妻子的一种气质美。

有时我在家里请朋友吃饭，妻子在厨房里忙乎。刀又急又密地敲在板上，是错落有致节奏分明的编钟；烧旺了油锅，脆生生满篮小白菜一沾锅，立刻响声大作，是荡气回肠的一轮大鼓；另一边正在煮着鲤鱼，水波翻滚，似《十面埋伏》的琵琶曲，每一声都透着临危不惧。最让人心动的是那一锅微火牛肉靓汤，轻描淡写地飘忽着、魅惑着，是慌张热闹里那一管清丽的长箫，洗净铅华却又刻骨铭心……

翠湖边（摄于1975年）

下班走进厨房，妻子在砧板上切菜，然后会说："今天煮了点新火腿，我切点你尝尝。"还没等我反应过来，一片火腿已送进我嘴里，这时我会想：砧板也是最有人情味的地方。

妻子身材匀称，眉清目秀，等闲之辈看不出她有什么手艺，但她是那种天生会做菜的人。妻子也是一个要强的人，通过4年自学，毕业于云南大学汉语言文学专业，以至于我现在好些文字上的东西都还要请她审查。妻子的家传菜"鸡蛋卷”浸透着家乡黑井的风味，先把鸡蛋做成薄薄的蛋皮，再一层蛋皮一层拌好佐料的磨肉卷起来，在蛋卷的底下放上嫩嫩的白菜，用微火蒸出来。那种鲜美之味，好吃到让人嚼到舌头。另一道油炸鸡翅膀最令我记忆深刻。端上桌时热腾腾的，外皮甚脆，嚼之作声而内部却是细嫩无比。有一次和妻子聊天时问起她烹饪的事，她说：“一道做过的菜不要去重复它。第二次做时，我就想怎样改变一些佐料，或者改变一点方法，使它吃起来不同于第一次。”听着她这番话，我感到菜里也融进了人情。朋友来吃饭，在人情上，总要尝尝武氏炸鸡的滋味吧！

对鱼的烹饪，妻子也很有见地。她说同样的鱼大小不同味道就有差异，像罗非鱼之属，半斤左右最好，太小的肉烂，太大的肉老。又说蒸鱼火候最重要，要蒸到完全熟了可是还有一点点肉粘在骨上，那个节骨眼上，只有一秒钟的时间。

有一次吃妻子做的鱼丸子，佐一些白菜和豆腐，细细地品尝，能体味到一种时间的张力。在火力的催促下，鱼丸沸腾跳动，像从锅底向上发射的鲜美的弹丸，起落沉浮，在汤中如生活般地折腾。

妻子做的炒鱿鱼令人难忘，肉质鲜美，有点透明感，配上火腿和韭菜等佐料，吃着有一股韧劲和脆劲，真是人间美味。吃炒鱿鱼时我发现，要做出人间至味，火候乃是不可忽视的，透明的鱿鱼下锅转白即捞，否则就太老了。

说到这里，我突然想起大芳君离开我们已经10多年了。记得有一次在崇仁诊所，马应昌君牵来一只羊，大芳君就做了一桌全羊席，他把这只羊梳理得那么有条理、有章法，摆在圆状盛具里也一样有悦目的审美意趣，香气四溢。他的烹制是极诱惑人的一种，暗合了人类隐藏的渔猎时代的记忆。妻子还向他学了一些烹饪手艺，学会做水晶核桃和麻辣螃蟹。

现在吃到好菜时还会不自觉想起大芳君，因为在这个世界上莫不饮食，豪侈暴发之辈奇多，一掷千金者也所在多有，但鲜有知味之人，知味是多么不易呀！

妻子的肖像(绘于2022年)

知味不易，人生得知味之爱人更不易！为了鼓励妻子做好菜，2022年我为她画了一幅肖像画，当年8月曾在文林美术馆展出。

谈起妻子，我又想到了她的家乡黑井。2001年3月，在一个烟雨蒙蒙的季节，我偷闲去了一趟黑井。黑井位于“曲径高山险，山峦欲接天；万山相对峙，一水送溪烟”的龙川江峡谷内。龙川江从对峙的两山之间流过，注入金沙江，故黑井的地形更显深窄陡峭。

其实，黑井离我不应该遥远，那里是妻子的故乡。在过去的悠悠岁月里，93岁的岳母关于黑井街、黑井人、黑井盐、黑井石榴的絮絮叨叨，早已刻印在我的脑海里。除此以外，黑井还封存着完好的历史和沧桑，这也是我要去寻觅的时代遗痕……

岳母曾告诉我，黑井人不忘黑牛之赐，以盐代耕。黑井附近的山上流淌着的水都是卤水，且按历史形成的格局归属各家，拥有卤水最多的自然就逐渐成为大户。全井800户中，武姓竟占百户，而妻子的家族即系武氏家族之一支。其远祖于明代自应天府流落云南，散居三迤，迤西较多，黑井为最，历300余年，披荆斩棘，在壁立两山之间，创建盐业，赖以生息繁衍，成为当地望族。

妻子家祖居房屋，原坐落在城门洞西下侧，楼房五间，赐建大夫第，乃于原屋后面山麓建四合五天井大院一栋。竣工后，亲友纷送匾联，远如昆之名儒陈荣昌等均亲笔祝词。惜因历史变革，墨宝已荡然无存。

到了黑井，不能不去看看武维阳的武家大院。武维阳与妻子的父亲同属堂兄弟辈，但家境却有天壤之别。武家深宅可称为黑井最气派之民居。推开武家大院厚实的“品”字形木门，庭院宽阔，布局独特，四个八开呈“王”字纵一横三排列，99 间房，108 扇门，四通八达，大门套小门，门门相连，院院相通，其规模之大，雕梁画栋之奇，在这弹丸小镇首屈一指。耳房、厢房、堂屋、盐灶、卤水池、仓库一应俱全，相得益彰。武家门第森严，进门均有讲究，院里不同等级的人绝对不能走错门，否则后果堪虞。如今时光流逝，人去楼空，断垣残壁，木朽瓦破，孤灯野草，默默地展露着悠悠岁月的痕迹，但其3000 多平方米的主体占地面积，以及那厚重、气派的楼道、门窗，又使人隐隐感到当年其雄霸一方的威力。

庆安堤（摄于 2003 年）

光绪皇帝钦赐贞洁总牌坊前（摄于 2009 年）

考妻子收存的《烟溪武氏族谱》，妻子的祖辈“力倡义举，集资修防护大堤；自真武山麓老石牛处向东延伸筑堤，堤高六至八米，宽十米”，名曰庆安堤，勒石刻碑于堤上，千秋大计，泽荫后人。

逛黑井就像逛古董店铺，到处都有些时代侵蚀的遗痕。你可以摩掌，可以凭吊，可以悠然遐想，想到黑井的兴衰、黑井人的风雅、皇帝的墨迹，这些虽然都是老调子，不过经过自己一番体味，便不同了。所以我劝你去黑井，最好选一个微雨天，在朦胧里，才酝酿着那一缕幽幽的古味。你可以坐在饭馆里，品着地道的彝酒，眺望苍然蜿蜒的黑井驿道的遗迹；也可以闲步洁悠的古街，欣赏清代那些红砂石木结构的吊脚楼。假如你还记得一些怀古的诗词，趁这时暗诵几首，许更能领略老灶户对当年“黑井时代”的眷恋情思，但眼下纷至沓来的旅游者，则又会创造一个“旅游时代”的黑井。

我喜欢妻子的故乡，我喜欢烟雨中的悠悠黑井。

多少年以后，我与作曲家梁巨成先生合作创作了声乐作品《烟雨中的黑井》。这首歌我在不同的音乐会上还会演唱它，那朦胧的感觉至今难以忘怀。

女儿施璐郗

女儿施璐郗，80后，师从于我，以及原云南省中医院著名儿科、五官科专家陈兆明主任。多年来她一直跟随我参加国际中医男科、皮肤科的学术交流，并当选为国际中医男科学会委员、中国民间中医医药研究开发协会生殖与男科分会常务理事。参与了《常见皮肤病图谱与中医效验方》《施慧中医妇科临床经验集》的编著，同时参与华龙圣爱中医集团院内制剂“益肾除湿丸”“黛柏除湿软膏”“疏风开窍颗粒”的临床运用和医案整理工作，现为云南姚氏中医学术流派第七代传人。

著名作家张昆华先生2012年为我的《施慧文集·散文卷》作序时曾云：“笔触至此，深感施慧是幸福的，他是一个秉性难改的乐天派，是悲天悯人的医学家。他是医、文、艺三绝的奇才，神气秀异，肌理白皙，一副三迤才子的派头。2009年我参加了他和梁巨成的声乐作品音乐会，并赠诗一首——‘施展智慧滇上才，诗书乐绘百花开。最是医坛回春手，驱散严寒风光来’，并由程地超教授书。他每年会出上几本书，偶尔展示一下自己的才华，但分寸感掌握得极好，每次首发式过后，掸去衣上的灰尘，他又沉入到新的写作领域。春城气候的滋养，加上他的文化底蕴，施慧落笔时总是力求用笔的简洁，文风的优雅流畅。往事已然苍老，家族高华雅逸的气派已蜕变为平易而坚韧的世俗风度，他过分丰富的人生经历和追求的艺术才华也透进他的笔底风光。”

第二章　姚氏医学流派第六代传人

2022年秋天，窗外暮色苍灰，干枯的黄叶飘落在泥地上，树缝间漏下雨点，雨点时而敲打在窗玻璃上。在这个萧瑟的秋天，看着窗外的景色，我依然忘不了五十多年前那个秋雨绵绵的雨季，以及在秋雨中临摹的那幅列维坦的名画：《金色的秋天》。那幅画伴随着一个浪漫的故事，正是在那个多雨的秋天，改变了我一生的命运。

接下来的既是故事本身，也是我的回忆，我本无意改变什么，但就像一件爱物把玩多年之后，总会留下抚摩的痕迹，这跟刻意的修饰完全是两回事，现在回忆起来，竟难以分辨其中多少是我的感受，多少是事实了。

秋之景，常常令我低回流连，特别是50多年前那个多雨的秋季，是我一生中最有意蕴、最迷人的秋天。当时我住在宝善街的一个小阁楼里，学习画油画正进入第二个年头，那段时间我在临摹列维坦的《金色的秋天》，这是一幅凝重灿烂的油画。列维坦是19世纪后期俄罗斯风景画派中的杰出代表，他对自己乡土的眷恋是深情的，在这幅画里，他把秋天绚丽丰富的色彩表现得很有层次。仰起头，看那生长在蓝天白云里的白桦树枝头，它们摇曳的黄叶像一簇簇燃烧的火焰；低下头，落叶遍地，每一片叶都火红金黄得那样纯粹，它们是秋天逐渐成熟的极致，是另一种美，而树旁还流淌着宝石般透明的溪水。列维坦用亲切的笔调，富有诗意地刻画了秋景中明净繁华的美。受这种气氛的影响，我当时一直沉浸在一种幸福的感受中，我幻想着将来可以成为像列维坦一样的抒情画家。

就在这个令人迷恋的秋天，朋友马应昌医生的一个建议，彻底改变了我的命运。

一天下午，我在画画，马君来玩。他默默注视着这幅《金色的秋天》很久，眼里似有一种忧郁的色彩，最后他对我说："我看到你这幅画中层次丰富的绿与黄，灿烂中隐含着肃杀。你看这幅画的天空，似有冬的声息，正由遥远的天穹冷然而至。"接着他又说，"我建议你放弃油画，改学中医。"他的话唤醒了我，并赋予我的人生一个全新的意义。在当时那样的政治环境下，加上我的家庭背景，从事艺术和文学都是没有前途的。当年站在这幅画前时，绝对没有想到的是，我此后的中医生涯将在秋色中展开。秋是理性的季节，这个季节宜于沉思，也适于学术。只是当年我来不及想的是，此后的中医学术生涯将有怎样的单调，我的生活在不久后将失去这可供悠然欣赏的画室与这些繁复的色彩。

金色的秋天

接下来的就是每天 4 个小时的中医课程，由马应昌主讲，在我的小阁楼里，晚上 8 点至 12 点。这个讲课持续了一年半的时间，后又转到姚氏巽园医舍听课，其时又是 4 年余。听课的还有余占湘、罗崇义等人。当时我们是一群有革命热情，对生存现实又颇感茫然的青年人，同时我们对知识的焦渴程度，像在沙漠中寻找水一样，这也是那一代青年的风气。除了学习中医外，我们也时常聚在一起，喝着薄酒，就着炸花生或洋芋片，谈些诗文和国际风云之类的话题。有时昆医的高才生罗崇义也会把他的小提琴带来，演奏《云雀》《安魂曲》等名曲。他的指法娴熟，从琴弦上拉出来的旋律，如行云流水一般，特别是他把《梁祝》那哀怨的情思演奏得那样缠绵徘徊，扣人心弦。他也奏外国民歌，我们跟着唱，我还击掌合着节拍，我们的歌声飞出阁楼，飞向星空。夜深了，我们还漫步街头，天上的月轮碾碎了薄薄的云层，照得街上一片雪亮，从行道树间筛下的月光，洒在我们身上，亮晶晶的，同我们兴奋的泪花一样闪烁……

马君不来上课的晚上，我常常一个人漫无目的地沿着盘龙江边向前走，像卢梭一样，孤独的散步生发出许许多多的遐想。我想哥伦布发现新大陆后那双忧郁的眼睛，想拿破仑流放到圣黑勒拿岛上的沮丧心情，想杰克·伦敦在奥克兰小屋里构思人和狼在荒原上搏斗的时候如何热爱生命……

在去姚氏巽园医舍听课的那段日子里，黑黝黝的夜，冷清的街上，还有一个人的身影陪伴着我，她就那么一直跟着我慢慢地走着，那清冷的路便如洒满月光般充满感情。我感到四周充盈如水，如银色月光般的氛围和感觉，有一丝心动飘洒在我心头散也散不去。之后，她没有成为医生，却成为我的妻子。

生活是个旋转的舞台，我常常这样想：如果那个秋天中医没有闯入我的生活，如果那迷人的油画我没有因胆怯而放弃，那我现在会是怎样？每念及此，我便会陷入意眩神迷般的遐想，想人生真如棋局吗？一念之差，结局真是会大变吗？50年前的秋雨已了无踪迹，但它们还在，也许是昨日泳池里温柔的浪花，也许已是苦涩的海水。想着想着，有些痴了，也有些悟出了人生的况味和轮回一类说辞的真相。

50多年来，我全身心地投入中医临床工作，共撰写了12部中医临床专著，计300余万言。我的书柜现在已大部分是医书，只上层还收藏着一些文学书籍。从先秦的哲人到清代的学者，均悄无声息地沉浸于清词丽句的文化群体中，他们在四米宽的书柜间作上下五千年的交流，他们百感交集，而我总是无暇膜拜，我的眼很愿意流连于他们的古色古香，我的手却不由自主地抽出了中医临床的书籍。近几年偶尔有喘息之机，才发觉自己留恋的依旧是艺术。

面对艺术我做不到心平气和，所以没有更多的思想准备，但是我常常感觉到自己的思维触碰了艺术。昆明多雨的秋天萦绕着我，一连几天，我在书房沉思：在我50多年的人生跋涉中，医学和艺术执拗地交替出现，不曾茫然地张望过，但当医学与艺术和哲学碰撞时，会悸出一身的冷汗。艺术是哲学和文学的支柱，而医学是一种现实的生存手段，生存的问题决定了哲学和艺术的意义。想到这里我才明白，我是用50多年的全部心智，蘸着自己的心血写出来的中医著作，证明我当时弃艺从医的选择是正确的，这是一种怎样的人生？

多年前看了丰子恺的一幅画，一位笃信佛教，却也对世事亲情充满了真爱的艺术家用数笔在纸上画出半卷的帘拢，几盏残茶，一弯新月，多像我们当年在宝善街阁楼上的情景。现在学友各奔东西，但记忆里还残留着一缕欢乐的痕迹，被把玩的茶杯分明还有些许的余温。那个多雨的秋天，我将永远对你怀着亲切的回忆。怀念是秋天的事，像一个漂流瓶，它没有地址，只是送给远方等待的人，一份心灵的感动。30年前秋分时节，马君请我们一行20人去西山寻找当年逝去的岁月。走到太华寺，我问刘君，我当年送他的那幅《金色的秋天》还在吗？他说多次搬家，已不知去向。看着满园的秋色，特别是同我们一起吟唱的那位高挑的法国女郎深情而忧郁的眼睛，我想到多年来对于秋的怀念，应该重画一幅《金色的秋天》了。

50多年前我就认识马应昌了。其时，在我宝善街的小阁楼里，每晚上的必修课就是中医讲座，由马应昌主讲。闲暇时，三五好友同时邀请名媛淑女饮酒读文，鲁迅、秦牧等人的文章轮流下酒，马君谈锋甚健，又很有幽默感，觥筹交错之间，时出妙语，举座叫好。

我这辈子从医40余年，结识了数百位医学专家，但像马应昌那样有才华，医学功底那么扎实、知识那么广博、经历那么坎坷，却在逆境中不顺从世俗，而能始终坚信未来，坚守自己的医学良知，保持一种高洁的人品的人，实在罕见。

马应昌，赛典赤后裔，有其先祖遗风，是位侠义中人。马君少年时酷爱医学，读了大量的中医经典名著，医学是他一生的追求。他说："离开医学，我会失去我在这个世界上可以停泊的港湾，可以夜栖的鸟窝。"他收藏的中医文化典籍很丰富，在20世纪70年代那个文化资源贫乏的时候，这些书相当重要。这对马君这样悟性极高、敏而好学的人来说，当是最具天意的机缘了。20世纪60年代中期，马君被分到一个机械厂工作，分配干镗床工，年年评为先进工作者。由于他对中医的挚爱，毅然辞去了工厂的工作，最后如愿以偿，从事专职的中医临床工作，至今已40余年。由于他医德高洁、医术精湛，也是年年被主管卫生局评为先进工作者。

马君曾师从李梦琴教授。李梦琴教授系原中山大学中文系主任、西南联大中文系主任，新中国成立后，不顾自己已届古稀之龄，欣然受聘于云南中医学校，出任《内经》教研室组长。李梦琴糅合哲学、文学、中医为一体，所以马应昌除了医学外，还深受李梦琴老师深厚的哲学和文学熏陶，后来马君在中西医结合研究领域，运用哲学和文学的思辨方法，在获得临床成果的瞬间又冲向更荒野的前沿之地，这些都是很少有人能企及的。

后来经马应昌介绍我认识了姚承济，到姚氏寓所听课，从此我与姚氏医学流派结缘，一直延续至今，成为姚氏医学流派第六代传人。

唐家营8号是姚氏家族的寓所，又名巽园，在一条小巷里，像隔绝了市井的红尘，躲在僻静的深闺，你只有同它接触久了，才能感到它悠闲贞静的风度。巽园有一个很大的院子，靠巷的墙上挂着一串串的紫藤萝，简直像古朴的屏风；春来时还常有几枝妖艳的桃花，娉娉婷婷，从墙头殷勤地摇曳红袖，向行人招手；园内栽有古松、菊花、万年青。有一个八角亭，马应昌医师帮改修成一个教室，每周六晚上，由姚承济、姚承祖二人主持中医专题讲座，听课的有马应昌、于希谦、傅伟、余占湘及我等三十余人。我的《临证心悟》1990年在台湾出版，姚承济为其撰写序言时云："一九七二年至一九七九年，余组织自学中医群体于巽园医舍，施慧医师以其纯熟之中医理论、独特的医学见解名辩于一时，本书《临证心悟》中的一些医学观点，从七十年代就开始孕育了。"

巽园医舍，在那里有我浓挚的友谊，有我谆谆然师长的教诲，有我青年的金色梦境。追忆起八角亭几十人静坐听课的雪夜，回想起西山、筇竹寺讨论医学的春秋佳日，印象最深的还是姚医生那忘我的娓娓不倦的讲课和那引人入胜的对各家典籍的涉猎。八角亭里明亮和平的光度与建筑的亲和力，笼罩了座中人的感情，有一种温暖安逸的气氛，令人难忘。这种医学讲座，讲课者不为束脩，听课者不为利禄，现在回想起来，这是一种多么纯洁无私的学术追求。有时上课去得早了，我也会到姚医生的饭厅小坐，漫谈人生，清茶之外，佐以小酌，直到上课才散。姚医生讲课，往往寓教于乐，不乏幽默感。有一年我们到筇竹寺春游，路上他都在讲《伤寒论》，下山时蓦地见到一片波光清漪的水库，他毅然抛开我们，纵身水中。他和应昌两人在水中龙腾虎跃，他们的阵阵笑声撩得我心慌意乱，我这个旱鸭子只有在浅水区，浇些水在身上聊以自慰……

姚氏医学流派第五代传人姚贞白先生

岁月如流，人生如流，在巽园听课的四年里，听课笔记我订成了三本，它们是我心里永远的珍藏。在巽园的那些日子，是我一生最好的回忆和营养，是我一生最动听的歌，昔日的学友，你是否还能找到我们听课的八角亭在什么地方？

《昆明县志·艺术列传》记载：“姚方奇，字伟生，世居小西门外，为人诚笃孝友，乾隆末以武职从军西征，得异人授以岐黄术……家虽贫怡然自乐，惟闭门课子，而子时安遂尽得其传，孙曾辈相继以医闻，皆承方奇之教泽也。”证实了姚氏医学一派，自姚方奇起就开始了“悬壶济世求精进，医德馨香两百年”的悠久传承。姚时安（字沛然），为姚派第二代代表人物，自幼得其父方奇公倾心传授医术。他穷毕生精力撰著《医易汇参》一书，惜因战乱失其稿，但总结研究的医易互通的重要方法，常被云南中医药界人士所采用。其子灿章、质斋、炳南三人尽得真传，多受世人所肯定。

姚氏医学传承至以姚静仙、姚荫轩为代表的第四代时，更加注重对传人的培养。姚荫轩在兄长静仙的培育下继承家学，在“姚济药号”“姚济医药室”中，亲为学生、药工讲学，所培养的后人姚仲逵、姚贞白、姚济、聂焕然、杨寅伯、赵伯伦、张浩然等均为一代名医。

姚氏医学至第五代姚贞白（云南“四大名医”之一），流派特色更趋突出显著，逐步总结形成了一整套“以阴阳气血为整体，以气机变化为辨证线索，因地、因人、因时制宜”为特点的姚氏医学流派，为姚氏医家之集大成者，并创拟“姚济神效散”“姚氏生精散”“首乌延寿丹”等验方，《巽园医话》《姚贞白医案》等著作也相继传世。

第六代传人姚贞白之女姚克敏，在继承家学的基础上，重点传承了姚派历代在妇科方面的独特诊疗方法，经过总结提升，在妇科方面独树一帜。其弟姚承济与他人研制的“姚氏电脑专家诊疗系统”更填补了我省计算机在中医领域运用的空白。

姚氏医学第七代传人姚济白、林莉、徐涟、陈静、曹晓鸣、姚佩兰、王寅、徐波、张仕平、张先华、张晓琳及第六代传人施慧等都已是云南中医药界的中坚力量，第七代传承人姚佩兰也正在美国大西洋中医学院为中医药走向世界做出重要贡献。

昆明姚氏妇科流派传承工作室启动仪式

姚氏医学流派在昆部份传人合影

2012年10月，为响应国家中医药管理局成立流派传承工作室的号召，圣爱中医馆与姚氏医学流派成员组成专项工作小组，特向省卫生厅申报成立“云南昆明姚氏妇科流派传承工作室”。在省中医药管理局领导的支持和工作人员的努力下，2012年11月28日，国家中医药管理局《关于公布第一批全国中医学术流派传承工作室建设单位名单的通知》(国中医药人教函〔2012〕228号)正式通知，昆明圣爱中医馆成为全国第一批学术流派传承工作室建设单位，“云南昆明姚氏妇科流派传承工作室”成为全国第一批学术流派工作室建设项目。我有幸成为这个工作室的主要传承人之一，在3年的建设项目成果里，我完成了《施慧文集·医学卷》，这本书由中国医药科技出版社出版，这本70万字的鸿篇巨制，是我毕生追求中医梦的结晶。同时，我与圣爱合作研发了两个姚氏妇科的院内制剂，“益肾除湿丸”与“黛柏除湿软膏”，也算是对姚氏妇科流派的工作建设贡献了一点力量。

岁月如流，人生如流。1974年至1979年我又跟随姚承济主任在他任职的医院临床实习了4年。4年里，临床笔记订成了3本，它们是我心里永远的珍藏。

1980年，我开始独立的行医生涯。1985年与马应昌、马大芳成立了崇仁门诊部，当时我一边上班，一边做临床。1994 年退休后，我自己开办了近十年的诊所。2005 年至今，在圣爱中医馆从医，主要从事男科、皮肤病、妇科病方面的临床研究。

《施慧文集·医学卷》

我走过的这一切，对于一个科班出身的医生来说，很多都是需要一辈子来完成的。在云南中医界，像我这样自学成才的医生，也是极少的。在这个过程中，追梦是要付出代价的，是要用坚韧来支撑的。

我在从事男科、皮肤科研究方面还算有所成就。几十年来，矢志不移，把所有的业余时间和精力用于潜心钻研中医的事业之中。回想四十多年前，我常常把不多的工资和时光全部投入到案前、药房和为病人的诊治中，为了筹集研究和出书的经费，节衣缩食；那弥散着浓烈中草药味的住房，成了我的研究基地。我把中医理论研究与临床实践紧密结合，因为那时候还没有个人电脑，我按照自己的思维方式建立了各种分类资料卡片。每每遇到疑难杂症，我都将其记录在案，并且追踪确定其疗效。在总结中医经验的基础上，结合现代医学科学，从无数验方中筛选出一个个经临床验证疗效最佳的新方剂，并上升到理论研究的高度，确定自己的理论体系，形成自己独特的学术风格。

阳痿是男科的主要顽症之一。行医数十年，我在钻研古方、验方、偏方中悟出一个道理：古方是为古代人民服务的，它肯定适合古人的身体状况，而随着时代的变迁，人们的身体状况发生了巨大的变化，如仍然沿袭古方，就会脱离实际，甚至南辕北辙。在临床医疗实践中，我对阳痿患者进行辨证治疗，发现绝大多数患者不属阳虚，而属阴虚，我便尝试以滋阴补肾的方药治疗，患者普遍反映精力旺盛，饮食睡眠改善，性功能随之恢复。联想到古代医学家张景岳讲过："善补阳者，于阴中求阳，阳处阴中，则源泉不竭。"所以对于中医中药，我们既要继承又要发展，还要把现代医学科学的诊断和对病理透彻的分析与中医传统的理论结合起来。

我曾细心诊治过上千例的弱精症的患者，都先后怀孕生子，花费的心血可想而知，也被患者誉为"送子观音"。我 1994 年出版的《施慧治疗男女不育症专集》被北京协和医院的医生作为临床参考书，并被聘为中国中医药学会男科学会不育症专业委员会委员，治疗不育症进入了全国的先进水平。我以精诚之心善待患者，常发"大慈恻隐之心"，经常牵挂着患者的病痛，对于医患关系有自己的领悟，自己的实践。

通过不断温习传统药性，追踪国内外药理学研究进展，我对自己研制的多种男科常用处方，不断完善和更新。我加入了国际中医男科学会、世界中医药联合会男科专业委员会、世界中医药联合会皮肤科专业委员会等学术组织，并积极地参加各种相关的医学学术会议，加强自己的学术理论，学习新的治疗理念，并结合自己的学术经验，运用到日常的诊疗中。

2012 年与国际中医男科学会主席曹开镛教授在天津合影

2013 年与世中联男科专业委员会常务副会长曾庆琪教授在澳门合影

被称为男科四大疾病之一的前列腺炎，是中老年人的常见多发病，其发病率占中老年男性的百分之七十左右。我注意到，前列腺炎患者多属肾虚，往往是本虚标实，因为按照自然规律，中老年人开始肾虚，气化不好。如能在治疗前列腺炎的药中添加滋阴补肾的药，肾气足了，气化好了，再活血化瘀，排尿就通畅了，便能从根本上解决前列腺炎的问题，为此，我在助手们的协助下，与圣爱中医集团合作研发了院内制剂“益肾除湿丸”，临床运用中深受患者的欢迎。

在诊治支、衣原体感染，生殖器疱疹这些性病时，我也有自己独到的见解。很多患者以为中医无法治疗这些病，而我恰恰只用中药治疗，也不加入西药治疗，且往往疗效显著，西医化验结果大多都能转阴。为此，我在 2010 年出版了《施慧中医男科专集》，至 2011 年已经第二次印刷，在国内外产生了一定的影响。

《施慧中医男科专集》

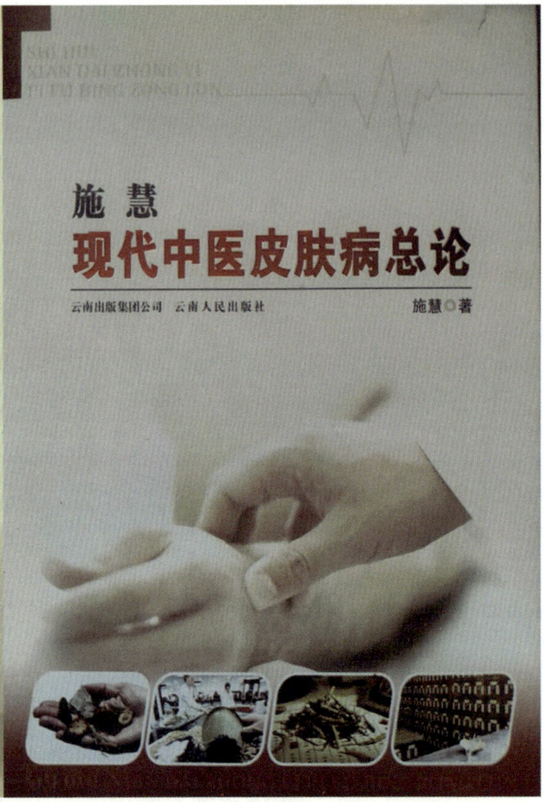

《施慧现代中医皮肤病总论》

在治疗皮肤病方面，我研究了历代的医书，特别是近代赵炳南、朱仁康大家的著作。结合几十年的临床经验，于 1994 年出版了《施慧中医皮肤病临床经验集》。在治疗湿疹、荨麻疹、神经性皮炎、银屑病、痤疮、黄竭斑等方面，取得了较好的疗效。由云南人民出版社与我合作，在原书的基础上又补充了我近 20 年的新的临床经验，于 2011 年出版了《施慧现代中医皮肤病总论》(35 万字)。同时，在助手们的协助下，又研发并申报了新的院内制剂“黛柏除湿软膏”，也深受患者喜爱。

记得有一次采访中我曾说过这样的话：“脱离了病人，医生就失去了存在的价值。患者提出的各式各样的问题，督促我思考、探索、研习、提炼。如果没有患者，我的医术就无从提高，所以，我对广大患者不敢有丝毫的怠慢。”我把古代大医学家孙思邈《大医精诚》一文作为自己的座右铭，时时遵循，身体力行。

我诊病之余还有很多业余爱好，如看书、书法、音乐、舞蹈、文学、绘画……我想要把知识传给大众，把歌声送给朋友，把欢乐留给世界。

关于文学艺术，我认为书法可以让人入境，可以排除私心杂念产生的浮躁心理，并专心致志地去思考；真善美是文学的本色，学文可以让人发现人世间的真善美，只有自己具备了真善美，写出来的文章才有真善美，人家读起来也才能感受到真善美。

我认为中医学、哲学、文学艺术、舞蹈、音乐、绘画，不管是哪一项都能陶冶人的情操，提高人的修养。我常常以书为伴，以文学为友，以医养德，以歌伴舞，以多学科的知识怡养性情，以多学科的综合实力滋养我的中医梦。

昆明市第二批名中医、荣誉名中医表彰大会留影

2012 年在新加坡与世中联皮肤科专业委员会副会长徐丽敏教授和副秘书长李斌博士合影

2012 年在新加坡会议期间与世中联皮肤科专业委员会会长禤国维教授合影

2012 年在新加坡会议期间与王玉玺教授及杨素清主任合影

在人生的旅途中，转瞬我已是耄耋老人，“施慧男科、皮肤科名医工作室”的建设成果，就是我追逐中医梦最好的诠释，曾经有人采访我后给予了这样的评价：“施慧医生从不与人攀比，行事周全而低调，对人真诚而讲诚信，还有他那丰富而高雅的精神生活，这些都给人留下了深刻的印象。”或许，这就是大家对我的认可吧！

我是幸福的，我是一个追梦人，迷人的梦想陪伴着我的人生岁月，就在 2022 年的上半年，我还与几位志同道合的朋友一起成立了“追梦艺术团”，追逐人生的梦，追逐圣爱的梦，追逐中国梦！

2005 年，我加入圣爱以后，参加了诸多姚氏妇科的活动，在这些活动中增加了知识，又学到了姚氏妇科的很多经验，多年以后，我的女儿和女婿也都拜到我的门下，成为姚氏医学流派的第七代传承人。

作者在《姚克敏妇科经验研究》新书发布会上赠送油画给姚克敏老师

姚氏妇科传承工作室成员在祭拜姚贞白墓的活动中盟誓

施璐郁接受姚克敏赠书

姚氏妇科传承工作室成员每两月一次的会议合影

姚氏妇科传承工作室传统文化讲座合影

姚氏医学流派六艺展示会上和刘总合影

姚氏医学流派六艺展示会上为嘉宾签名赠书

在南京参加会议合影

为施璐郗颁发出师证明

与冯云签拜师帖

各位导师与出师弟子合影

2021 年我的《施慧中医妇科临床经验集》在云南出版，姚克敏与刘琼分别为本书撰写了序言，我十分地感谢。我把姚老的序言全文转录，以飨读者：

施慧医师是胞弟承济的好友，20 世纪 70 年代即常来姚氏医宅巽园，习研医经，谈诗弄文，抚琴作画，书生意气！令我印象最深的是他在众多学友当中，常能以文字的形式向余及承祖、承济提出及表达自己在学习中的疑问和见解，并将所学所思行之以文，与师友笔墨唱和，争鸣交流，对一些学术问题时有独到之阐发，显现出良好的悟性和文字功底，成为姚氏医学流派第六代传人。

时光荏苒，岁月如梭！四十多年过去，弹指一挥间。现如今施慧已成为昆明市荣誉名中医，在多年的临证实践中，积累、总结了丰富的临床经验及学术感悟。他勤于笔耕，孜孜不倦，持之以恒，以手书方式将所学所悟述而成文，著而成章，先后出版了《施慧文集·医学卷》《施慧文集·散文卷》《施慧文集·艺术卷》，共四百七十余万字，发表学术论文六十余篇，可谓学有所成，硕果累累，在业内颇具影响力！

《昆明县志·艺术列传》记载，姚氏医学始祖姚方奇自乾隆年间创立流派至今已近二百六十年，八代传承，名医辈出，而妇科一直是其传承主线，留下了姚文彬为云贵总督千金“凭脉断孕”及姚贞白巧治“产后胞衣不下”等传奇医技！正是凭着姚派数代医家的传承与创新，姚氏医学流派之妇科流派被国家中医药管理局遴选为全国第一批六十四家中医学术流派传承工作室而加以保护建设，现姚氏中医妇科流派已位居全国十大妇科流派之列，“姚氏中医妇科疗法”荣登云南省第四批非遗项目保护名录！

施慧医师亦积极投身于流派的建设工作中，进行临床案例的收集整理、归纳总结，发表了相关学术论文。其新近完成的《施慧中医妇科临床经验集》一书，即是他多年来从事妇科临床实践及参与流派建设工作的研究成果，书中在广泛尊崇中医妇科学术及诊疗体系的基础上，又不拘一格地糅入了自身的临床心悟，并以实例为佐证，论证有序、文笔流畅、理法方药、丝丝入扣，将姚氏流派“以阴阳气血为整体，以气化原理为辨证线索”及姚氏妇科“以血为本，以气为动”的学术思想和证治纲领有机地运用于病因病机的阐述之中，并贯穿于著述的字里行间，使全书不仅具有鲜明的个性特点，又从一个侧面折射出了姚氏妇科的光华。是一部于妇科临床及科研都十分有益的佳作！

施慧医师同时还是一位文化艺术的探寻者，他的散文词语清丽，似潺潺溪流沁人心脾；他的绘画破格脱俗，自成一体，源于生活又超然其上；尤为难得的是虽已入古稀之年，还发奋自学了古典音乐的作曲技法，创作了数十首独具韵味的钢琴小品，令人惊叹！

姚派历代都十分注重文促医道、医文相长的传承模式，流派中精于书、画、琴、棋者不乏其人，施慧医师也是其中的优秀代表之一，他在医学上取得的成就与他的文化素养密不可分，他的治学精神和成才之路值得后辈传人学习、借鉴！临窗搁笔，凭栏远眺，慨中医药学之博大精深，慰姚氏流派人才齐聚，代有能人，故欣然为之序！

姚克敏己亥年秋写于佳园上居

《施慧中医妇科临床经验集》首发式于 2021 年在昆明圣爱总部隆重举行，其间，姚承济与姚氏众多弟子出席了仪式，首发式结束后又举行了签名赠书活动，看着热闹欢腾的签名队伍，我脑海中又想起了多年以前在姚氏医宅巽园里听课的情景，我清楚今天的一点成果也是在大家的指导和帮助下才可能有的。

姚承济与作者在新书首发式上合影

签名赠书活动留影

新书首发式合影

《施慧中医妇科临床经验集》现在已经出版近两年了，我在想：自学中医难不难？妇科这部专著是我的第十二部中医临床专著，现在共计有三百多万字。四十多年的临床总结了男科、妇科、皮肤科的经验，有三百多个临床验方，我现在80岁了，一直在临床第一线奋斗着，所以我的《常见皮肤病图谱与中医效验方》一书中，为我撰写序言的王玉玺老师在序言里以我为例，告诉大家：自学中医也是可以成才的，不要自暴自弃。

《施慧中医妇科临床经验集》书影

王玉玺教授也对我的《常见皮肤病图谱与中医效验方》一书撰写了序言：

施慧，“云南昆明圣爱中医馆”名老中医。出生于世代书香的家庭，幼时聪慧，喜读书写字。由于历史的原因，少年时历尽坎坷，备尝艰辛，中年时自学中医。1987年取得中医师职称，从医近四十年，为云南昆明姚氏医学流派第六代传人。边读书、边临床、边写作，施慧已出版中医临床专著11部，医学论文60篇，共计270万字。中医的生命力在于临床疗效，施老天资深远，聪慧玄通，对中医皮肤病和男科诊疗有很深的造诣，遇有沉疴痼疾，屡奏奇效。

施老喜欢读书，善读书，勤求古训，博采众长，以方治证。每临一症，必立医案，偶有体会，即录之书札，持之以恒，日积月累，卷帙成堆。他从浩繁的病例中整理出皮肤科常见病、多发病39种，并收集对应照片三百余幅，临床体征与图谱对照，一目了然。治疗抓住疾病的共性，尊经方而不泥古，尚时方而又创新，去除烦琐的辨证分型，以一个经验方为主加减变化，便于读者参考使用。《常见皮肤病图谱与中医效验方》是他几十年临证心血的凝集，是理论和实践相结合的升华，既有继承，又有创新，可谓继承不泥古，创新不离宗，论述精辟，经验宏富，见解独特，弥足珍贵。

书成示余，捧读再三，深感内容精博，启我茅塞，确有特色，为近年中医皮肤类论著中之佳作。施老邀余作序，虽自知浅薄，勉为其难，恭敬不如从命，遂慨然允诺，欣然命笔。

英雄不问出身，从古至今，自学成才者，比比皆是，颖前人之奥旨，启一己之所悟，既非墨守成规，泥古不化，亦非拘门守户，囿派绳方，不受辨证分型的约束，独树一帜，难能可贵。

我与施老相识于马来西亚、新加坡世界中医药联合会的学术年会上。其小我一岁，精力充沛，年过花甲，笔耕颇勤，对中医学术锲而不舍，精益求精，我自愧不如。昔范文正公有云："不为良相，愿为良医。"善于医者曰良医，良医系医术高超，能随机应变，坐镇从容，临危不乱，诊断、辨证、立法、处方、遣药丝丝入扣，能治疗各种疑难大病，并取得如汤沃雪、桴鼓相应之效者。愿施老发大慈大悲之心，以解除众生疾苦为己任，以良医标准要求自己，努力成为"苍生大医"。愿本书早日刊行，以飨读者。

王玉玺

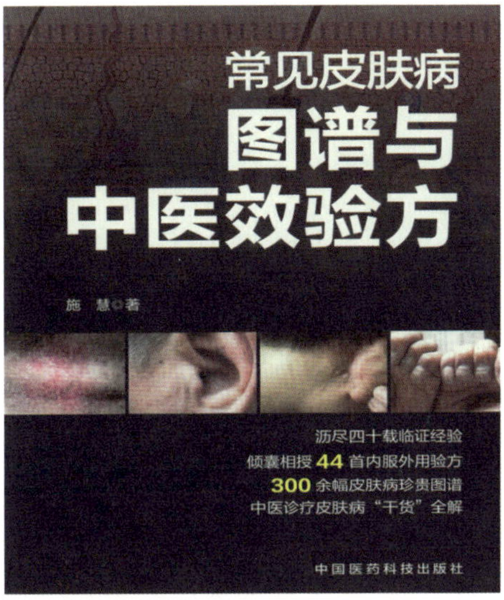

《常见皮肤病图谱与中医效验方》书影

王玉玺教授的这篇序言是对我的鼓励，当然，自学中医也要有一些方法，比如我年轻时为了收集临床资料，是分类做成了卡片，后来，我写男科、皮肤科、妇科专著的时候，它们发挥了很大的作用。现在的青年学习整理资料已经十分方便了，可以使用手机、电脑等工具就足够。我在自学中医的过程中，还有一个重要的方法，就是门诊日记，它记录了医患之间的情感，通过详细的描述，会给我们留下深刻的印象，将来，也许我会专门出版一本“施慧门诊日记”，在日记中，你会感觉到医生与患者的心跳，现摘录一段，供研究。

施主任门诊日记　十八

谈起慢性荨麻疹，我都头疼。

我诊治荨麻疹至今已四十余年，我所著的《施慧中医皮肤病临床经验集》1994 年由中国医药科技出版社出版至今，也已 29 年，在此期间接诊过的患者不计其数，我本人也积累了比较丰富的临床经验。

急性荨麻疹发作时，偶尔会造成喉头水肿，严重者危及生命，须及时到医院就诊。两个月没有治愈者，可称为慢性荨麻疹，若治疗不当，慢性荨麻疹可以经年不愈，有甚者十多年不愈，患者十分痛苦，我曾见过个别患者甚至连轻生的念头都有了。

我记得在《施慧中医皮肤病临床经验集》出版后的第二年，一个北京的电话打过来，对方是一名年轻的女性，姓任，那年28 岁，在北京的新华书店买到了我出版的这本书，并通过出版社找到了我的联系方式。她说她得了荨麻疹已十年，十分苦恼，特别是去相亲的时候，一紧张，荨麻疹就发作，一瘙抓，对方怀疑她得了什么病，几次相亲都失败了。于是我在电话里安慰她，向她讲解了一些关于这个病的中医理论知识，并告知她这种病需要治疗一段时间才会痊愈。随后，我给她开了养血祛风汤加全虫、乌梢蛇，并把药加工成蜜丸，一天三丸。服药一个月后，她的症状减轻，前后服药近一年，病痊愈。之后她又打电话告诉我说已结婚生子，我也为她感到高兴。

这个病例说明什么问题呢？说明荨麻疹病程越长，需要治疗的时间就越长，我还有一个印象比较深的女性患者，姓李，四十多岁，2009 年来找我看病，一见到我就说：“施医生，救救我，我这个荨麻疹已 15 年了，天天发作，奇痒，什么医院都看过来了，最严重的时候，我都撞过墙！”经过仔细地把脉，我分析了她的病情，认为她的病邪已不在营分，而入了血分，用清热消风散加全虫、乌梢蛇、紫草、茜草。上方加减治疗半年，症状减轻，后来坚持服用年余，基本痊愈。

对于荨麻疹的治疗，时间上是很重要的，在发作的二至六个月以内，比较容易治疗，但是拖半年以上甚至几年的病人，荨麻疹就比较顽固难治，所以，得了荨麻疹，越早治疗，好得越快。

还有一个诊断的问题，我们一定要把荨麻疹诊断清楚，如果诊断不清楚，把荨麻疹当作其他皮肤病治疗，就会贻误治疗时机，或者适得其反。我在正文里面已经讲了几点诊断依据，最重要的是“速发速退、奇痒、疹退不留疤痕”。

最后，我在门诊中注意到一个现象，急性荨麻疹，西医参与治疗的情况下，对控制急性期的症状，是很有效的；慢性荨麻疹，用西药治疗，如氯雷他定等药，可以控制瘙痒症状，但不能断根，而且西药反复运用，身体产生药物依赖，更难治疗。那么遇到这样已经吃上西药的患者，怎么办呢？2019 年 7 月，一个男性患者，33 岁，患荨麻疹一年余，四肢有风团，时起时没，夜不能寐，西医开了氯雷他定，一天一片，吃了三个月，服药时不痒，停药就痒，患者十分心烦，严重影响了他的生活。我开了养血祛风汤加全虫。十五剂，并嘱在服中药期间，氯雷他定要慢慢递减，一天服一片改为一天半片。一个月后又开了十五剂，又嘱：氯雷他定由一天半片改为隔一天服半片。四个月后，氯雷他定已停服，养血祛风汤再加紫草六克，续服两个月后，患者痊愈。从这个病例里，我们看到，吃上西药，特别是激素类的西药，一定在服用中药的过程中，慢慢递减西药，直至停用。最后再用中药巩固一段时间，才能结束，治病过程中患者绝不可掉以轻心，以致病情反复。

在治疗慢性荨麻疹的时候，我们医生要注意帮助患者分析过敏原，以便避开过敏原。以前遇到一个患者，就是因为到海鲜市场买鱼，嗅到臭鱼之后就得了荨麻疹；又有病人是因花粉过敏致病，春天一到公园就起荨麻

《施慧中医皮肤病临床经验集》书影

疹。当然，荨麻疹还分热性荨麻疹和冷性荨麻疹，有的人一钻进开了电热毯的被子就起荨麻疹，有的人相反，一沾冷水或者吹了冷风就起荨麻疹，以至于长年累月不敢洗菜、洗衣服等。总之，慢性荨麻疹不是一个简单的皮肤病，没有正确的治疗方法和经验方，够你头疼的。

作为一个医生，无论你治好了多少病，我们都是要把它作为不断总结的一个新的起点，特别是自学者，我们应该从每一个病例中总结经验，提倡诊断明确，精准用药。而自学中医一定要注意扩展自己的文化视野，夯实自己的文化基础。

讲到这里，必须要说说为我自学中医带来重要影响的姚承济先生，他是姚氏医学流派的第六代代表性传承人，昆明市政协原副主席、昆明市中医院原院长。他从小受到优良的家庭和文化熏陶，读过私塾，打下了良好的文学功底，诗词歌赋更是一绝，青年时还是围棋高手。他的讲座我最爱听，如他讲“姚氏的脉学”“姚氏的学术思想”，他讲的“中医气化学说”，讲课时他将中医学与文学诗词互相交融，常常引经据典，信手拈来。例如中医的《内经》《伤寒论》，文学的《红楼梦》《西厢记》的章节都能倒背如流，每次讲座讲到兴奋处，三言两语就奔到你望尘莫及的远方，台下听众屏住呼吸，台上则是姚医生纵情驰骋的天地。每次讲座同仁们都击节称赞，举座叫好！

2008年6月金秋音乐会合影，左为姚承济和夫人，右为姚济白

我们的姚氏医学流派还有一位姚济白先生，他是姚氏第七代代表性传承人，湖南中医药大学男科研究生毕业。济白是云南棋王，在围棋界颇有声望，同时又是昆明手风琴学会的会长，还弹得一手好钢琴，他同我是医学和艺术的知音，他在中医学方面的成就也是让人敬佩的，以前他有音乐方面的演

出常常邀我和夫人同去欣赏，我举姚承济和姚济白两人的成就说明提升文化修养是学习中医的重要一环。

时光荏苒，岁月如梭，五十多年过去了，从我在宝善街小阁楼里听马应昌讲《内经》开始到唐家营八号姚氏寓所学习，再到崇仁门诊部的成立……直到加盟圣爱中医团队18年，我转眼就80岁了。在此过程中我感受到学习中医有多种途径，自学仍是一个重要的途径，首先要树立终生奋斗的目标，其次要筑牢文化艺术的根基(包括文学、书画、音乐、哲学等等)，精研典籍，分类管理，总结验方，结集成书。历史上如王冰、王肯堂、薛斋、王履、许叔微、吕留良、喻嘉言、张景岳、孙一奎等儒医无不是集医学、文学、书画、哲学于大成者。自学中医只要坚定信心、持之以恒，也会成为“苍生大医”。最后谨以姚承济院长赠七律诗与大家共勉。

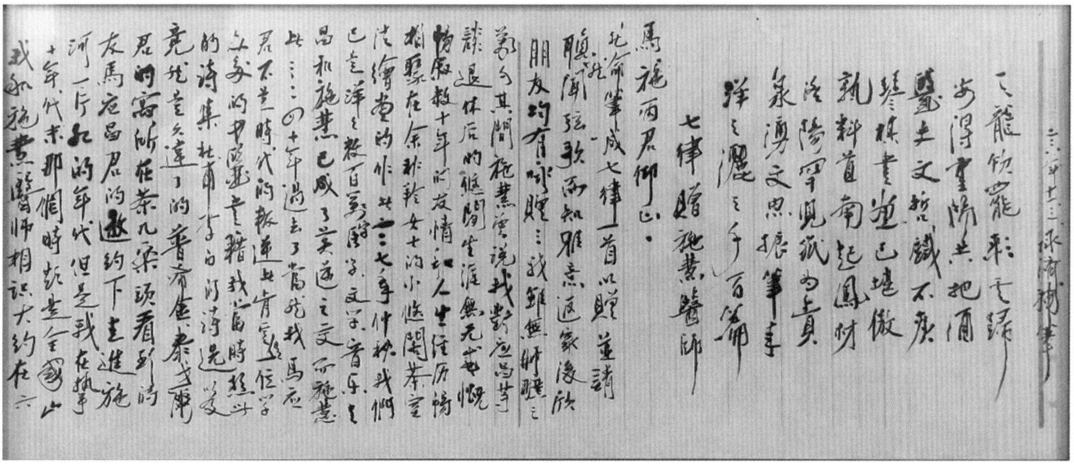

七律诗

姚承济

洋洋洒洒万千篇，泉涌文思振笔来。

洛阳罕见纸为贵，孰料苴南起凤才。

琴棋书画已堪傲，医史文哲铁不灰。

安得重阳共把酒，天龙饮罢彩云归。

第三章　圣爱中医梦的践行者

2021 年 4 月我出版了《施慧中医妇科临床经验集》姚克敏院长与圣爱中医集团董事长刘琼分别为本书撰写了序言，刘琼董事长在序言中热情洋溢地写道：

施慧老师到圣爱中医馆坐诊已十六个年头了，当《施慧中医妇科临床经验集》的样书送到我的案头，我不禁感慨万分。记得 2005 年 5 月的一天上午，施慧老师带着他的几本医学专著和医师执业证到赵家堆医馆找我，我当即邀请施老师加入圣爱。从此，我们与圣爱同行。

圣爱十六年，施老师出版了五部临床专著，其中有四部属于圣爱“名医丛书”，施慧老师至今已出版医学专著十二部共三百余万字，这在云南中医界都是凤毛麟角的。除了医学专著，施慧老师在临床上也积累了丰富的经验，同圣爱合作研发了两种院内制剂，现在还有新的院内制剂在研发中。

圣爱的十六年，施慧老师每年参加国内外的各种学术研讨，遍游各地、寻师访友、博采众长，同时还在各种研讨会上交流圣爱的学术成果，这一点令我十分感动。同时由于施老师的杰出贡献，在世界中医男科、皮肤科学术界享有较高的声誉。

圣爱十六年，诊病之余，施慧老师还出版了他的《施慧文集·散文卷》《施慧文集·医学卷》和《施慧文集·艺术卷》，有些人认为，施慧老师一走进医门，他的才华就走失了，这实在是一个误会。最近几年由圣爱中医集团和昆明风景画学会联合主办的“施慧个人油画展”已有五次，“施慧个人音乐会”一次，施老师还出版了三本画册，我已珍藏了施慧老师赠送《国医大师收徒》的油画。

圣爱的十六年，还凝练出一本《施慧中医妇科临床经验集》，独到的用心、中西两法诊断，立意深刻，病种渊源可考，文笔洗练，收入作者的很多临床病案及验方，方伍严谨。同时，从这本书中我们还可窥见姚氏妇科学术流派的传承脉络。

拜读完《施慧中医妇科临床经验集》，我心情难抑，施慧老师在中医和艺术两方面的跨界思考，双向互动，各自都有不可替代的韵和神。我为《施慧中医妇科临床经验集》作序，似乎有着圣爱十六年的情缘，回想施慧老师在圣爱的那些燃烧的感情碎片，孜孜不倦的学习情景。我知道：三指把脉，艺术梦想，为人低调，这些都彻底磨洗了施老师的灵魂，他不断地对中医的追求，不断地对生命的反思，使我时时有一种心绪怦然的感动。也许这就是施慧老师的魅力之所在！

刘　琼

2020年12月20日

我是2005年加入圣爱中医馆的，那时我们在云南广播电视台旁边坐诊，当时付梦华、陈发德和我比较要好，我们常常在一起商讨临床中出现的问题，后来由于医馆扩大规模，我们又转到了圆通馆，那时圆通馆一栋楼，规模大，医生也增加了，病人也增加了。从我到圣爱这些年来，刘琼董事长就提出了要实现圣爱的中医梦，2015年刘总的《我的中医梦》一书出版了，云南省委原副书记王天玺为这本书撰写了序言，圣爱的名中医张震、姚克敏、张良英、吴荣祖、李庆生等人都撰写了自己的体会，序言由云南人民出版社程志方做了评注。

这本书的作者简介是这样写的：

刘琼，1965年生，女，汉族，云南广南人，祖籍江苏扬州，从业药师，擅长于中医连锁经营管理，圣爱中医馆创始人。现任圣爱中医集团董事长、圣爱学院院长、云南鸿翔一心堂药业(集团)股份有限公司董事。世界中医药学会联合会常务理事、中华国医药文化合作组织常务副主席、中华国医药文化合作组织中医馆理事会理事长、云南省中医药学会民营中医机构管理专业委员会主任委员。

作为一个有理想的人，她用自己的执着，追寻着中医伟大的梦想；作为一个企业的创始人，她凭自己的睿智和人格魅力，汇聚了闻名全国、全省的289位老中医，让一个民营中医馆顺势崛起，创新出一个中医连锁管理模式——圣爱中医模式。

作为一个女人，她用女人特有的温情和善良帮助了一个又一个对生命绝望的病人……她为了实现心中伟大的中医梦："打造中医平台，让更多的人服务中医，让更多的人享受中医的服务，把中医药事业进行到底！"而尽心竭力于中医药事业的继承、弘扬、发展和创新。

《我的中医梦》书影

作为中医梦企业文化理念的首创者，她曾发表一系列有关中医学术文化和企业文化论文，本书是她出版的第一部企业文化论著。

这本书提到的289位老中医，那是2015年的统计，现在的圣爱已经有764位老中医，这是实现圣爱中医梦的学术力量。算到今年，我到医馆已经18年了，这些年我领会"圣爱中医梦"的内涵是广泛的，深刻的，作为一个普通的医生，我只能在有限的范围里践行中医梦的内涵，我第一个印象深刻的是圣爱为名老中医设立的"名医工作室"，这些工作室并不完全以职称、学历为标准，而是考察你的实际临床业绩，这也是民营企业的一大特点，它提升了很多民间老中医的自信心，充分发挥了他们的才干，为圣爱的中医梦积极努力做出了贡献。到目前为止，共成立了二百多个传承及名医工作室。2021年圣爱中医集团学术委员会经过认真评审，又评出了圣爱中医的九大中医流派，他们是：

1. 云岭中医疏调学派，代表人：张震。
2. 云南姚氏医学流派妇科学派，代表人：姚克敏。
3. 云岭张氏妇科学术流派，代表人：张良英。

4. 李氏中医和调学派，代表人：李庆生。

5. 管氏特殊针法学术流派，代表人：管遵惠。

6. 云南吴氏扶阳学术流派，代表人：吴荣祖。

7. 现代荆楚伤寒学派，代表人：成肇仁。

8. 当代云南李派中医学派，代表人：杨荣辉。

9. 戴氏医学流派，代表人：戴天浩。

10. 滇南易修珍妇科疑难病学术流派。

（排序方式：国医大师为首，其余者按照专项评审委员会评审得分多少为序）

这些中医流派及其众多弟子在圣爱实现自己中医梦的过程中发挥着重要的作用。2012 年，在刘总的关注下，“施慧男科皮肤科工作室”在圆通馆正式成立，一百余位专家、学者、社会贤达、亲朋好友参加了这个盛大的开幕式，云南省政协文教委员会副主任袁显亮先生、刘总共同为狮子点了睛，刘总及姚承济院长在会上讲了话，我与丁晓薇女士分别在梁巨成先生的手风琴伴奏下，演唱了我与梁巨成先生合作的歌曲《秋虫》和《海鸥圆舞曲》。书法家程地超赠送了诗，书法家陈立言与陶增义合作赠送了对联。

“施慧男科皮肤科工作室”成立仪式合影

工作室挂牌

陶增义先生与陈立言先生赠送对联

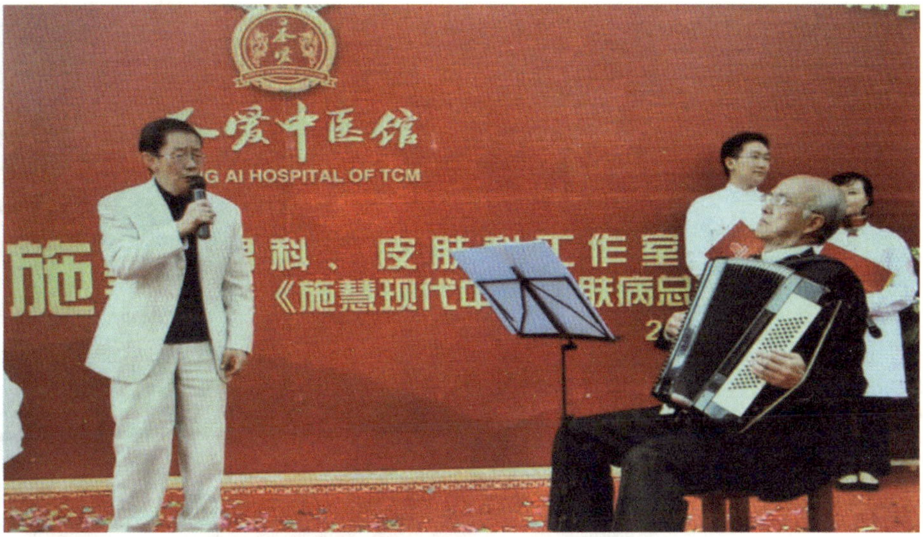

梁巨成先生现场伴奏，施慧演唱《秋虫》

程地超先生赠送书法作品

刘总一贯提倡临床诊疗服务与学术研究同时进行，所以我在圣爱的18年，出席了很多国际会议，世中联男科专业委员会与国际中医男科学会举办的学术会议共计有8个，世中联皮肤科专委会举行的会议有5个，在这些会议中我都发表了自己的论文。

现场嘉宾云集

通过参加这些会议，我也学习到了很多前沿的经验，扩大了视野，对于自己在男科、皮肤科的积累提供了有益的经验。

2012年在天津与中华中医药学会男科专业委员会主任戚广崇教授合影

2012 年在天津与中华中医药学会秦国政教授合影

2012 年在新加坡与世中联皮肤专业委员会秘书长范瑞强教授合影

2012 年在新加坡与世中联皮肤专业委员会副秘书长吴元胜教授合影

2012 年在新加坡与参加世中联皮肤专业委员会学术会议代表合影，左 4、5、6 位是杜锡贤教授、刘爱民教授、刘炽京教授

2011 年与女儿在台湾参加海峡两岸男科学术会议后游览日月潭

2013 年与夫人在广州参加会议时合影

2015 年在嵩明参加第二届兰茂中医药发展学术论坛会议时合影

2019 年金风送爽的秋日，世界中联男科专委会第十一届学术年会、国际中医男科第十三届学术大会、第八届海峡两岸中医男科学术论坛在中国长沙隆重举办，我和女儿施璐郗受邀参加了此次盛会，大会云集了世界各地的男科精英四百余人，世界中联副主席、秘书长桑滨生作了热情洋溢的开幕式致辞。

会议期间老中青三代男科专家进行了内容丰富、见解独到的学术交流，曹开镛主席交流的“中医药治疗男科的优势”、秦国政教授交流的“不育症预后评估方法与中医诊治策略”、戚广崇教授的“中医男科四十余年几点体会”、曾庆琪会长的“男科疾病的微观辨证”，都给代表们留下了深刻的印象，我也与参会专家们作了“血精症治疗经验分享”的交流，特别是介绍了我的验方“大蓟汤”，精准而实用，受到了与会专家的热烈欢迎。

大会上我的女儿施璐郗还当选为国际中医男科学会的委员，曹主席对我说：“让你的女儿当选为委员，是为了让她更好地传承你的中医男科事业。”

此外会议还进行了青年学者的演讲比赛，由专家组现场评审，评出一等奖和二等奖各两名，三等奖四名，这次获奖者的奖金由我提供，同时我还向十八位参赛者赠送我的十一部专著（施慧文集三卷本精装、男科专集三部、皮肤病专集两部、音乐及油画作品共三部，光碟两张）。闭幕式上曹主席和曾会长向获奖代表颁发了证书及奖金，还向我颁发了荣誉证书，大会在热烈而喜悦的气氛中圆满结束！

大会上与各位专家合影

会议上颁发证书合影

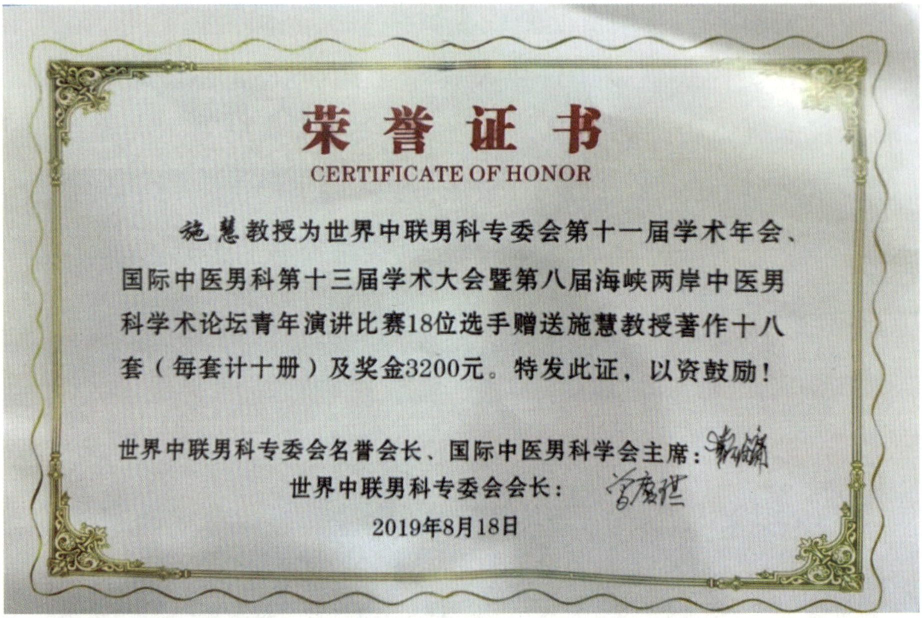

荣誉证书

记得刘琼董事长在大会上多次讲过这样的话："希望圣爱的医生都争当名医和大医，大医要具备高尚的医德，有自己的学术专著，有自己研发的药，圣爱如果能培养更多的名医和大医，也是实现圣爱中医梦的重要一环。"所以我在圣爱18年，兢兢业业，认真总结自己的临床经验，先后出版了4本中医专著：《施慧文集·医学卷》（2015年版，中国医药科技出版社）、《常见皮肤病图谱与中医效验方》（2018年版，中国医药科技出版社）、《施慧中医男科专集》（2010年版，云南人民出版社）、

部分医学专著

《施慧妇科临床经验集》(2021 年版，云南科技出版社），这 4 本医书列入了“圣爱中医系列丛书”，在出版费用方面，医馆给予了一定的资助，当然，还有圣爱的名医出版专著，也都得到了一定的资助，所以刘总在圣爱的发展上是有超前眼光的。学术专著是一个医疗机构在学术界的水平和地位的象征，而不仅仅是简单的几本书，我在圣爱工作的 18 年间，出版了 5 本专著近 130 万字，在一个民营医院有这样的成果，使我很感慨，说明了圣爱的中医模式很成功，它严格而科学的管理，它不拘一格地发现人才、尊重人才，它宽松而自由的学术氛围，使得圣爱的发展一步步走向高端。

《常见皮肤病图谱与中医效验方》于 2018 年由中国医药科技出版社出版，当年 3 月 6 日在圣爱中医圆通馆举行了首发式，集团副总裁秦玲仙、苏建佳出席了首发式，姚承济院长，名老中医马应昌、尹亚君教授也都出席了首发式，秦玲仙与姚承济分别发表了讲话，会后举行了签名赠书仪式。

姚承济院长为仪式揭幕

与参加仪式的嘉宾合影

2021 年 8 月 5 日，由我和女儿施璐郗主编的《施慧中医妇科临床经验集》首发式在圣爱中医集团三楼会议厅隆重举行，来自各方面的妇科专家参加了这个首发式。

这本书分别由姚克敏院长和刘琼董事长撰写了序言，她们在序言中都高度评价了这本书的学术价值，并对我的治学精神给予了肯定。

这本书是“圣爱中医系列丛书”之一，同时又是姚氏妇科学术流派6年来的学术成果之一，备受各方面的关注。这本书是理论结合临床实践的佳作，共收集了我的111个临床案例，110个临床验方，是我的第十二部中医临床专著。

这次会议还特别邀请了昆明市中医院原院长姚承济和云南省油画学会副会长毛杰先生出席会议，他们的发言中，对我在医学和艺术方面的双向互动的思维和学术成果给予了很高的评价。

《施慧中医妇科临床经验集》发布会合影

在首发式上，圣爱中医集团副总苏建佳回忆了与我相处的日子，也发表了热情洋溢的讲话。随后，进行了签名赠书活动，参会的嘉宾都非常激动，并纷纷与我及女儿施璐郗合影留念。我还特意带来了20多年前的好友云南篆刻大家周育麟先生的作品印章“镕古铸今”，寓意学习发扬光大中医医学。最后，参会嘉宾及本书编委合影留念，这个多彩而又温馨的下午，永远定格在大家的心中。

刘琼董事长除了重视医生的学术成果以外，在追逐圣爱中医梦的旅途中，也特别重视院内制剂的研发，同时策划了“名医好药”论坛，让更多人知道我们的好药，让更多人来使用它，到现在为止已经举办了十五届“名医好药论坛”。

2021 年 11 月 18 日，“圣爱中医名医好药专家交流会暨施慧益肾除湿丸、黛柏除湿软膏临床运用经验分享会”在圣爱中医集团总部召开。圣爱中医集团副总裁代树莲、苏健佳出席会议并发言。

云南多名中医专家、圣爱养生堂员工齐聚一堂，踊跃发言，交流了临床运用经验。我在会议上介绍了益肾除湿丸、黛柏除湿软膏的处方来源、药物组成及临床运用案例。我谈到医生要在临床中用活用好院内制剂，中医才有生命力。会上，云南省中医院儿科、五官科专家陈兆明主任分享了三例在临床中使用益肾除湿丸治疗肝肾不足兼湿热较重引起的耳鸣、前列腺炎的案例，一例脾胃湿热导致皮肤瘙痒使用黛柏除湿软膏后好转的病例。圣爱妇科专家马玉屏分享了益肾除湿丸、黛柏除湿软膏在妇科病的使用经验。云南省名中医黄晓梅主任对益肾除湿丸、黛柏除湿软膏的药物配伍组成做了详细的介绍，并分享了临床上运用于女子带下病、外阴瘙痒、体内湿重阻滞导致的便秘的案例。之后的交流互动环节，专家及圣爱养生堂的员工积极地分享了患者的用药反馈。交流会后，我的学术团队为圣爱的家人们准备了晚宴，在愉快的气氛中交流会圆满结束。

益肾除湿丸、黛柏除湿软膏均来自我的临床经验方，已在临床上使用了 30 余年，并收录于《施慧治疗男女不育症专集》《施慧中医皮肤病临床经验集》两部专著中，是华龙圣爱中医集团在云南省药品监督管理局正式备案的院内制剂，上市使用已近 4 年，其良好的疗效得到了广大患者和医生的认可，在临床上运用广泛。益肾除湿丸攻补兼施，标本兼治，对肝肾两虚、湿热下注的病症疗效显著，除了男科疾病还可拓展到妇科病、脾胃病、皮肤病等方面广泛应用。黛柏除湿软膏清热除湿止痒，除了可在神经性皮炎、银屑病、湿疹等皮肤病上使用之外，在妇科外阴白斑、外阴瘙痒等疾病上的应用也疗效显著。

交流会上合影

交流会上发言

圣爱中医集团还成立了学术委员会，设立了圣爱健康大讲坛，坛主刘琼董事长，执行坛主苏建佳，专门讲授各大流派的学术经验，以及各专科的临床经验，当然，讲座一定要接地气，要与临床紧密结合。

交流会现场照片各位专家热情交流

2022 年 2 月 15 日，我在圣爱中医馆金碧馆举办了我的第一场皮肤病系列讲座。

湿疹为什么就那么难治？

皮肤上有一片一片的红斑、小丘疹，水泡一碰就破了，还会出水，晚上睡觉的时候好痒好痒，碰到衣服也痒，很难忍住不去抓，你以为这只是简单的过敏吗？有可能得了湿疹！

每到春季，湿疹出现高发病率，就诊人数也比其他月份增加了百分之十五至二十，为帮助病患者提高对疾病的认知，给予患者及家属更多的健康教育和指导，2 月 15 日“湿疹为什么难治？”在圣爱中医馆金碧馆开讲。

讲座现场座无虚席，受到了在座的中医专家、中医爱好者及病患者的热烈欢迎。为了本次讲座，我做了充分的准备，讲座从湿疹的“临床表现”“临床经验”两方面分析了湿疹的发病原理，

讲座现场接受采访

以及如何做好预防和治疗，通过“病案”“门诊日记”将实际案例与理论相结合，深入浅出地呈现了一场精彩的健康知识讲座。

昆明市政协原副主席、昆明市中医院原院长、姚氏医学流派第六代代表性传承人姚承济主任在现场交流中说道：“闻道有先后，术业有专攻。姚氏医学流派以妇科、儿科为主，施医生的皮肤科正好弥补了姚派皮肤科的空缺。这样别开生面的讲座，花架之下医者之间的学术思想碰撞，对患者有益，丰富了中医学习交流的模式，营造了积极向上的中医学术氛围。”

姚承济教授在现场发言

云南省名中医、云南中医药大学教授、硕士研究生导师刘红英主任在交流中说道：“对于一些常见及疑难病，中医有着独特的优势，施医生将宝贵的经验分享出来，是为老百姓做的好的实事，同时也弘扬了中医药文化。这样惠民的公益讲座值得我们大家学习。”

名老中医专家、姚氏医学流派第六代传人马应昌主任在交流中说道：“这样的科普性讲座，搭建起了专业人士之间相互学习的桥梁，大家相互沟通交流疗效确切的临床经验，相互促进；对于患者来说，了解了自身的一些病理也能减少焦虑。”

刘红英教授在现场发言

马应昌主任在现场发言

我的皮肤病系列讲座还会继续下去，每一场将针对不同的皮肤病进行讲解，我认为“如果能把一个病的原因、症状、治疗方法讲清楚，能够让病人看清病症的真面目，就能减少病人的焦虑和不安，也能对医生的诊断和治疗有更为理性的认识和态度。”

“民有所盼，我有所为。”圣爱中医馆自成立以来一直以“提高生命质量，创造美好生活”为使命，积极为名老中医专家提供学术交流的平台，也让大家通过这个平台相互学习并切磋临床经验，让专家学者们在相互碰撞与交流中提升医疗及科研水平，让患者更好地享受到中医的服务。

在实现圣爱中医梦的诸多环节中，刘琼董事长有一个重要的观念，那就是建设好圣爱的中医药文化。圣爱的中医药文化内容很多，例如孝顺中医文化、圣爱的企业文化等等，当然，中医药文化是一个很大的课题，它同时也应该包括中国的诗词、绘画、音乐在其中，中医药的深入开发研究离不开文学、诗词、绘画、音乐等多学科的支撑，历史上的儒医们除了中医学以外，也都是中国文化的大家。所以我每年的油画展及个人音乐会都得到了刘总和圣爱的支持，中医药文化，它不是孤立的，它也是中国文化的一部分，我在圣爱工作期间，还出版过另外三卷文集，为圣爱的中医药文化又添了三块砖。

刘琼董事长在实现圣爱中医梦的过程中做了大量的工作，2022 年 7 月 26 日，在澄江之畔召开了首届全国中医梦文化节，邀请了众多的中医名家论道中医梦的文化，全国多地的专家以视频连线的方式向大会表示了祝贺，我和夫人也应邀参加了这次大会。

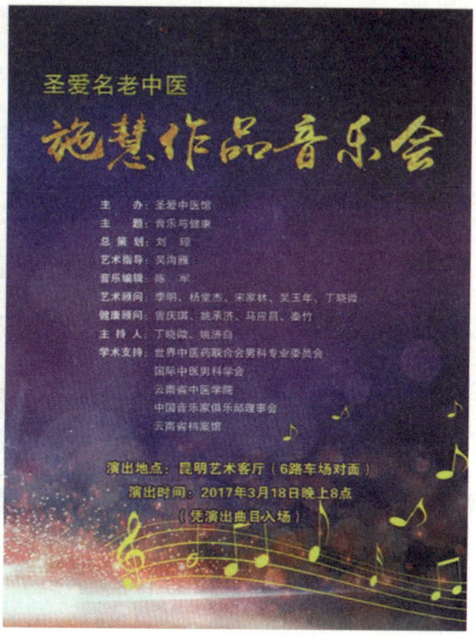

画展和音乐会的邀请函

“首届全国中医梦文化节”在云南抚仙湖广龙小镇国际会议中心启幕。本次大会共设“全国中医梦文化节开幕暨‘中医梦’文化论坛”“‘全国名中医’圣爱中医专家颁奖仪式”“圣爱中医系列从书《李继昌先生学术经验拾粹》新书发布会”“圣爱中医第十二届‘名医好药’论坛”“首届全国中医梦文化节文艺晚会暨‘圣爱家’系列联欢晚会”等主题，以线上线下结合的方式展开。

云南省中医药学会会长、云南省中医药管理局原局长郑进教授，云南中医药大学校长熊磊教授，国医大师、云岭中医疏调学派创始人、圣爱圣医张震研究员等领导和专家在线上发来祝贺。

全国名中医、全国老中医药专家学术经验继承工作指导老师、中医博士后导师、云南省国医名师、圣爱圣医张良英教授，全国名老中医．云南省名中医、全国老中医药专家学术经验继承工作指导老师、管氏针灸学术流派第四代传人、圣爱圣医管遵惠教授，全国名中医、全国老中医药专家学术经验继承工作指导老师、国医名师、吴佩衡扶阳学术流派代表性传承人、圣爱圣医吴荣祖教授等专家围绕中医梦文化相关话题进行交流。

中医梦文化首创者、圣爱中医梦文化研究院院长、华龙圣爱中医集团董事长刘琼在致辞时说：“立大志、树高品，文化兴、中医兴，中医梦文化将会是每一个人心中的健康梦。圣爱中医集团是一家集中医治病中医养生、中医教育、中医研究为一体的中医馆，圣爱中医馆同时是云南省著名商标。圣爱将打造更好的中医平台，让更多的人享受中医的服务。”

论道“中医梦”文化

在圣爱的 18 年里，我学艺术、舞蹈、音乐、绘画，不管是哪一类，都能陶冶人的情操，提高人的修养。我以书为伴，以文学为友，以医养德，以歌伴舞，以多学科的知识怡养性情，以多学科的综合实力滋养我的中医梦。

“只有民族的，才是世界的。”我在国内国际领域积极参加男科、皮肤科的学术活动，弘扬中国传统的医学文化。2022 年，我在线上参加了世界中医药联合会男科专业委员会的学术大会并发言，线下我在圣爱举办了中医男科系列讲座，让中医男科的知识惠及了更多的人。

多年来，我已经出版了 12 部中医临床专著，以及各类专著计 480 余万字，虽然我已向国内外的 100 余个图书馆赠送了自己的专著，但是我希望在自己的有生之年，不仅要为中国的男性做好服务工作，而且还要为国内外的皮肤病患者的健康保驾护航。

在人生的旅途中，我转瞬已是 80 岁的人了，我在圣爱的 18 年取得的成果就是我追逐圣爱中医梦最好的诠释，我从不与人攀比，行事周全而低调，对人真诚而讲诚信，还有我丰富而高雅的精神生活，这些都会给人留下深刻的印象。

2024 年 1 月 9 日，“圣爱施慧银屑病、外阳白斑治疗中心”在圣爱人民中路馆正式成立，至此我在皮肤病方面已经形成了自己完整的诊疗体系。

我是幸福的，我是一个追梦人，有迷人的梦想陪伴着我的人生岁月，我也衷心地祝福圣爱的中医梦成功实现！

2024 年 3 月 7 日，“圣爱施慧男科疾病诊疗中心”在圣爱金碧馆正式成立，至此，我对男科疾病的治疗，从理论和临床实践方面也形成了自己完整的诊疗体系。

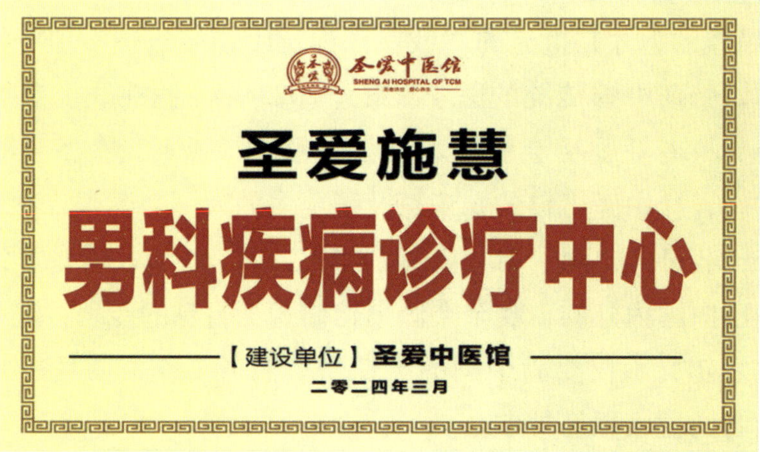

2024 年 3 月 7 日圣爱“施慧男科疾病诊疗中心”落成圣爱金碧馆，并举行了隆重的挂牌仪式

第四章　来自心灵深处的吟唱

2002年在昆明盛夏音乐会上与梁巨成先生相遇，在我看来，梁巨成虽然有些谢顶，但仍同30年前我认识他时一样，还是那样的平易，那样的温和，那样生机勃勃，人同他的作品一样，充满了民间乡土的气息。

音乐会过后，我同梁巨成商定，由我作词，他谱曲，创作一个声乐作品序列。一周后，《小巷》诞生了。《小巷》是一首怀乡之作，带有明快的童年心绪，以我的童年为原型，有情有景，有人有物，绝不是那种大而无事的音乐。这是一首2/4拍的民族宫调式，旋律略显哀婉却很动情，梁巨成在音乐的处理上一气呵成，采用叙事般的唱法，曲谱得平易却让人感喟，让人能面对一些东西，思索一些东西，而不是被流行淹没或在流行之中找不到自己。

我写的歌词，是讲述家乡铺满青石的小巷，家家升起的炊烟……只不过，梁巨成用自己的旋律将小巷润湿，将炊烟吹弯，再适时地给我们送上一杯带糖的咖啡。一天晚上，一个异乡朋友来玩，当我唱到“放风筝，滚铁环，爬树枝，打野战，月光下堆罗汉，梦里还在捉迷藏”时，我特别强调了“月光下”后面的下滑音，强调了A—B段的特征。歌一唱完，这位朋友突然抓住我的双手，他的手在颤抖，他的眼在流泪，他说：“我相信，绝不是我一个人才会感动，这首歌荡漾起我童年时对故乡春风秋月的怀念……”

人可以在此类情景中品咂那种优美绝伦且又哀切动人的孤独。家、家乡、故乡总是萦绕于我们的心头。乡愁、回乡冲动、家园的凄美迷离，又是“在路上”无时无刻不在折磨着人，诱惑着人，而每个人将以各自不同的人生经历和美学经验来吟唱这首思乡曲调。

《秋虫》也是一首怀乡之作，梁巨成在音乐上处理得层次分明，运用了通俗唱法的技巧，特别是衬声的高亢回旋，使用了假轻声，音色极美，让人感觉到像是羽毛飘浮在空中又轻轻落在地上那样的踏实，有一种跨越时空的感觉。宛如一张由智慧的蜘蛛从体内吐出的银丝精织而成的网子，任何猎物，哪怕是极为微弱的翅颤，这张网也能迅捷将信息反馈给那个捕猎者。那优雅的行板，几分甜美，几分柔思，如同走在朦胧夜色笼罩下的田埂上，有浓郁的菜香和湿润的腐殖质的气味在弥漫，让你能想起童年往事中那触动心底深处的荧光一闪："记得初秋的夜晚，天际把繁星点燃，我坐在田间的草埂上，眼前在飞舞着点点荧光……"同时它又以拟人化的手法撩起你内心最为温情的一角，"那是蟋蟀虫争爱的翅响"，和着优美的旋律一起共鸣。这些歌词完全卸掉了伦理乃至哲理的负荷，把握和咀嚼一些色调，一些光影，一些飘忽无名的情绪，一些似是而非、如梦如幻的心理印象，"榆树上响起了知了的吟唱……它忽远忽近，它时弱时强，那是孤独蝉对爱的渴望"，融化着虫声、风声和心声，将一颗心冲洗得水晶般纤尘不染，晶莹剔透，实在是甜美怡人。

《秋虫》这首歌词，是我根据我的散文《秋虫的怀念》改写的。"那当然是很久以前的事了"一语，既含有向往，又含有惆怅与无奈。70 年过去了，我对于秋虫的怀念，仍是有增无减，"它们唱的是秋之歌，生命之曲，常常引起我一种清远而幽奇的遐想……"

我们在文学艺术的浪漫主义作品中总是看到主人翁深情的憧憬：歌德的维特，在憧憬纯真、美好、充满诗意的爱情中一日一日地消瘦，后因不能实现而郁郁寡欢，最后走向绝路。席勒、夏多布里昂、乔治·桑等浪漫主义作家的作品中的人物无一不在憧憬。勃兰克斯在《十九世纪文学主流·德国浪漫派》中说："憧憬是浪漫主义渴望的形式，是它的全部诗歌之母。"《秋虫》这首歌运用拟人化的手法来表现人对爱情的向往，它演绎的艺术思维超出了一般的直接思维。

当众多的作家、艺术家将视线紧紧盯住不断变化的现实生活，以发现各种各样的美的时候，我却冷峻地闪在一边，寂寞地回首流逝的岁月，借传统的艺术力量，来展示那段似乎已经陌生的生活。我们的这些音乐作品，不以雕琢炫人眼目，只有韵味、情思和不可言说的空灵。一种令人神往的古风阵阵荡来，使你在这里获得独特的美感而流连忘返。心灵是浪漫主义的管辖领域，我和梁巨成的这些声乐作品，要把心灵中那些沉思的、神秘的、不可言说的东西拽出来。

由此，我想到了庄禅一派的艺术。尽管有不少作品显出清淡、宁静、自足，但骨子里却有着深刻的孤独，他们在赞美自然的文字里，总免不了流露出伤感和苍凉，自然是他们孤独灵魂的伴侣。淡化原因，走向自然，是庄禅艺术的美学的哲学思考。

创作《荷韵》时，我想到了伦勃朗的名画《瞎子托比特》。这是一幅关于“无能为力和失败”主题的画。他描绘一个可怜的老头伸出手去摸索房门。他刚听到儿子的敲门声，迫不及待去迎接儿子，以致把纺车碰翻了。他的眼睛是新近才瞎的，因为房间里的东西他尚未摸熟，他还不知道通向房门的直接路线，可见伦勃朗的感受有多好！莫奈画了一张英国伦敦威斯敏特教堂于雾中的画，因雾呈紫红色，立即引起哗然。自古以来，大家见到的雾都是灰色的。他们怀疑这位法国佬的眼是否出了毛病，然而，当他们抬头认真地观望伦敦上空的雾时，都惊愕地瞪大了眼睛：那雾真是紫色的！伦敦工业发达，烟囱林立，空气里布满了煤和灰的尘粒，加之伦敦红砖墙比比皆是，在阳光的作用下，雾确实呈紫红色。一个莫奈发现了无数伦敦市民不曾发现的现象，所以，土耳其诗人希克梅特说了一句大实话：“诗人的眼睛能看见二百米外一对蚂蚁的雌雄。”

我创作《荷韵》的时候，主要就是凭的一种感觉，而这主要的还不是指生理学意义上的。艺术家跟生理学意义上的感觉敏锐关系并不大，我的眼睛近视，但仍然比常人还要多地感受到了荷花、荷叶在大自然里的色彩和光影。《荷韵》具有民间音乐的特点，曲调幽雅、顺畅，透明得几乎不染一点杂质，单纯得犹如一个天真未凿的小姑娘，那旋律可以清水洗尘，可以海滨沐浴。“荷扇飘飘，荷莲摇摇，荷花像少女在晨曦里浴澡，含笑中托起了透明的珠宝。”听着这样的歌曲，会让我们感慨，我们原本已经粗糙的生活还能渗透出这样湿漉漉的水滴，透明而清新。这支小快板节奏的歌曲，也可以作为舞蹈伴唱。这首曲子中，自然之美压住世俗之心，使我们常常能陶醉自然，并对其进行纯粹审美。

欧阳江河在《中国诗歌九十年代备忘录》中说："只要处在过去的秋天景色之中，处于过去黄昏的微弱光线之中，处在过去的形象和摹本之中，就能带来一种精神上的安慰，使写作变得深邃悠久。"《故乡的秋》就是受到秋天景色的感染而创作的另一种音乐题材。"淡淡的惆怅像无数的丝带，在秋风里飘荡。"多么唯美而又抒情的歌词。这种秋天的感觉，有时像在烦躁地期待着什么，有时又仿佛有一种凌空浮游的飘逸之感。我们真是无法理清这份纷繁凌乱的秋天的情绪。

这首歌有一种新颖的曲调，描绘秋的情景与人的心境，韵味深邃，旋律独特。衬声"嗨"形象地哼出了秋风的萧瑟和花开花落带来的伤感和惆怅，尾声的旋律稍快，使歌曲推向了一个高潮，表达了作者对故乡的深情的思念，感染了我们的情绪，使我们获得了过去的音乐作品中难得有的美感，仿佛受到强调光色视觉印象派画家的影响。

这类作品是明净的，一种秋天的明净。"淡淡的落寞像黄色的谢蕊，是柔软的感觉，那暮色中，微微有些雾霭，那红色的土地上，绿色尽染城乡。"当一个人在秋天里诉说忧郁时，心情却是温暖的，像沐浴于潺潺的流水之中，并有着十分高贵的优雅之趣。

《小号夜曲》梁巨成一改创作风格，把它谱成一首美声作品。听这首歌最好在夜晚，这首歌曲表现了一对男女青年爱慕的恋情，它那优美动人的旋律犹如舒伯特的小夜曲一样的甜美怡人。

有天晚上，梁巨成特邀了一位中学音乐老师为我演唱了这首《小号夜曲》。那位老师是一个女中音，袅袅的回音，当唱到"像那秋风在呼啸，吹落了片片黄叶，使我忐忑不宁，再也没有往日的亲近，在明亮的河边，久久期盼"时，这里感情的缠绵，造成了一种美丽的张力，最终使歌曲摆脱了平庸与无趣。听这样的曲子，使我感到那样的哀婉凄恻，楚楚动人，唱得我真是心动，直想落泪。我想，也只有这样年龄的人来唱，略带一些沧桑，略带一点忧郁，在迷离的夜色中，才会有这样的深挚的回味。这首曲子梁巨成采用了“和声小调”的技法谱写，曲调婉转动听，引子以 6 度上行形成了不稳定的状态，下行音运用了三连音的音型，随后才引出了歌曲的主音。

小号夜曲

（抒情女高音独唱）

施　慧　词

梁巨成　曲

1=F $\frac{4}{4}$

espresslvo

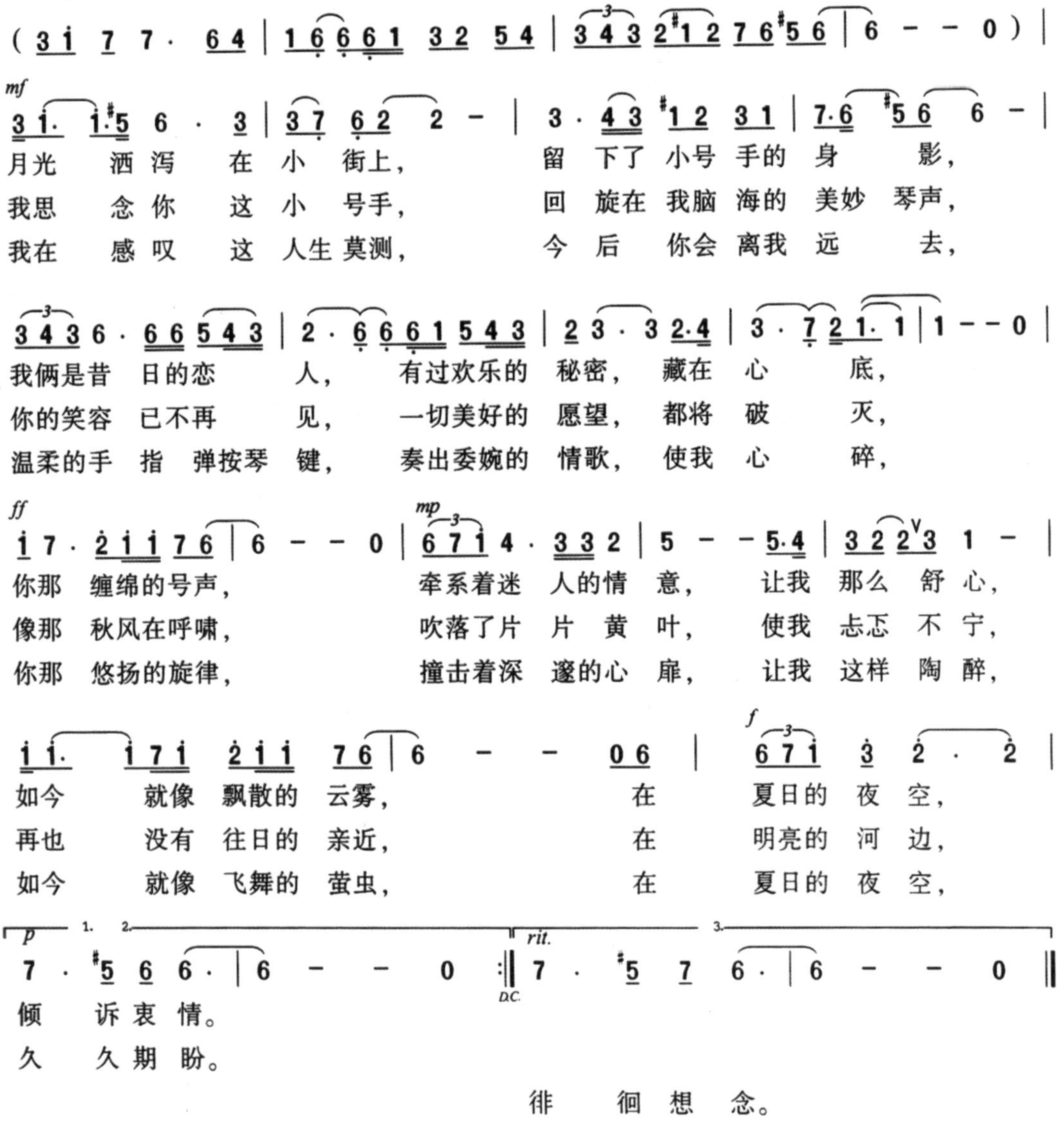

《小号夜曲》曲谱

歌唱完了，我们久久没有说话。这首歌词我是用一篇散文改写的。我知道，没有那纯洁而痴情的恋情，不会有这样的怀念，不会有这样的“久久期盼”，不会有这样动人心扉的歌声。那夜，歌声就这样一直伴随着我回家，在我的心里弥漫不散。

一个艺术家的成熟，也表现在对神秘长度的把握上。杨建昆知道让小号声响多久，让感情在月光下飞驰、腾跃多长时间，所以他能准确地掐分计秒，以达到目的，完美呈现《小号夜曲》的伴奏带。

《牧神午后》是德彪西的成名作，它取材于法国象征派诗人马拉美的同名诗歌。原诗大意是：炎热夏日的午后，半神半兽的牧神潘躺在草丛中。阳光晒得人昏昏欲睡，牧神幻想他看见洁白的仙女低低飞过，他的感官热情逐渐起主导作用。又想象自己在埃特纳山巅的阴影下拥抱了维纳斯女神。一想到对神的不敬会带来惩罚时，睡意又上来了，他告别现实，进入梦乡。这已经是一个主观幻化出的世界，德彪西用音乐将它显示出来……我们从长笛奏出的明亮的声音中，仿佛觉得一位如仙子的少女，从绿草地上向我们走来，从大提琴沉重的声音中，仿佛感到了一种生命死亡前的悲哀。

中国的艺术家把艺术建立在悟之上，德彪西把艺术建立在深刻的冷峻的理性之上，正如卡夫卡、萨特不可能出现在中国一样。中国的艺术家学会了面壁而坐，让灵魂从皮囊中飘逸出去，在静寂的空中遨游。茫茫天空，无边无涯，烟波浩渺，混混沌沌，忽有星光，如秋夜鱼水；忽有声响，如幽山滴泉。就在这般凝思中，出来了诗，出来了画，出来了音乐。

我常常在静夜时聆听肖邦的钢琴曲，肖邦曾说：“我的生活……是一首没有开始但有悲伤结尾的插曲。”肖邦并不复杂的短暂一生，给世界留下的却不是一串单纯简单的音符。对于肖邦，我印象最深的是他与乔治·桑的爱情故事，乔治·桑年长肖邦6岁，在他们持续9年的爱情之中，由于爱的角色在一开始就发生了偏移，注定这场爱可以爱得如火如荼、繁花似锦，却坚持不到底。肖邦和乔治·桑之间的爱情是不是真正的爱情，肖邦是不是因为他的外表和性格刚好吻合了乔治·桑的口味而成为爱情的俘虏？还是因为乔治·桑的儿子从中作梗导致爱的破裂？或者真如人们说的那样，乔治·桑是个多夫主义者，刺激了肖邦……爱情，从来都是一笔糊涂账，走路鞋子碍不碍脚，只有脚自己知道。

从1837年到1846年，肖邦和乔治·桑持续9年的爱情结束后，不到两年，肖邦就与世长辞了。说肖邦死于肺病，其实只是死因之一，他对乔治·桑的爱加速了他的死亡，就像勃拉姆斯对克拉拉的爱一样，当克拉拉1896年在法兰克福去世，11个月后，勃拉姆斯也追随克拉拉与世长辞。爱情从来都是和痛苦黏在一起的，甜蜜的爱情是艺术给人们带来的一个迷梦，妄想像剥开一张糖纸一样轻松地剥开痛苦，爱情也就随之消失了。肖邦在和乔治·桑生活的这十年中，有欢乐亦有痛苦，有时往往是美好与迷茫交织在一起，在这些天涯漂泊的日子里，他心中的感触只有音乐才能表达，这几年中他创作了大量的乐曲，其中包括叙事曲3首，谐谑曲4首，奏鸣曲2首，还有大量的夜曲、玛组卡、波罗乃兹和梦幻曲。这段时期他的创作尽是美妙动听的乐曲，像肖邦和乔治·桑在西班牙修道院的废墟中、在南国的白云碧海边、在温馨的晨曦暮鼓中创作出的g小调夜曲、升F大调即兴曲、c小调罗乃兹……和在诺昂桑的路易十六风格的庄园里创作出的《雨滴》前奏曲、《小狗》圆舞曲。后两首乐曲带给我们多少遐想，小狗滴溜溜围绕他们打转的情景是何等幸福欢快；细雨初歇，屋檐滴落的雨声、琴声和等待心绪的交融，是何等沁人心脾……

为了纪念肖邦，我在2016年创作了《肖邦离别曲》，这首曲子由钢琴演奏名家吴海燕在2017年的音乐会上弹奏过，她把肖邦热烈奔放而又柔情似水的复杂个性表现得十分鲜明，既有幻想，又有即兴。乐曲结束时，那低低的琴声像柔和的耳语，让人在憧憬中遐思绵绵。肖邦走了，无论是e小调第一，还是f小调第二协奏曲，都是那么甜美迷人，那是清清的流水，那是月下的情思。

在静夜里，我喜欢聆听肖邦的钢琴夜曲，飘逸澄净的音符优美地蹦跳着、流淌着，如歌如诉，尽管优美，但谁也不能否认蕴藏在这歌声中的忧伤，这淡淡的忧伤轻扣着听者的心情，使人如梦如幻，眼前仿佛出现许多往昔迷人的故事，你就是这故事中的主人翁，你在这些故事中流浪，在这些故事中恋爱……人们把肖邦的钢琴曲比作抒情诗，实在不是夸张，文字的诗歌，永远无法传达出这样的意境。我想，在喧嚣的生活中，有这样宁静诗意的夜晚是多么美好。

肖邦离别曲

施慧曲

《肖邦离别曲》片段

说到勃拉姆斯，他与克拉拉的爱情本身就是浪漫主义的典型，具有贵族化的品质。“永远的勃拉姆斯，深沉的勃拉姆斯，琴声中倾吐与克拉拉的爱恋，它化作一个古老的故事。”《永远的勃拉姆斯》是一首由西洋大调谱写的歌曲，是浪漫主义的音乐作品，但它带有深刻的理性的光泽。歌曲运用了“单二部曲式”，其中用了两次#4 来刻画歌曲中的人物形象，而后进一步展开歌曲的情绪变化，使其到达歌曲的高潮。“金色时光，已经逝去，爱的思念，埋藏心底，只留下你的身影，只留下你的情意。”一唱三叹，情意绵绵，仅仅几行，就把勃拉姆斯对克拉拉的愁绪笼上我们的心头，使我们的心灵像秋风中的落叶在颤抖。何等细致、深切与准确！激情是一种燃烧自己也燃烧别人的情感。勃拉姆斯选择了激情的燃烧，而逃脱了温情的毁灭。从《永远的勃拉姆斯》这首歌里，我们感到了激情燃烧的诱惑力，甚至能使人感到战栗，最后被它裹挟而去，并感到自己的虚弱与渺小。

《雨中的樱花》是首舒缓而明快的慢板乐曲，它柔情似水，情景交融。这首曲子与春城三月的春雨潇潇谐调吻合，它的旋律是为淅淅沥沥春雨中湿润的樱花而写的。我喜欢这种开朗中有节制的抒情，舒缓得犹如在圆通山樱花区的林间小道上散步，演唱起来使人感到温柔蕴藉。“和风轻轻掠过，

《雨中的樱花》曲谱

春雨沙沙洒下，红蒙蒙，水溶溶，犹如一幅水墨画。”这是梁巨成谱曲的另外一种风格，将一个主题反复地吟唱，将过去的日子砸姜磨蒜一样细细地品味。“彩云悠悠飘过，春色瑰丽如霞，好朋友，好心情，樱花树下品春茶。”他把这种友情、心情融化在他的旋律中，飘散在他音乐生命的气息里。

后来昆明圆通山动物园举办樱花节时，《雨中的樱花》成为樱花节的节歌，圆通动物园与我们签订了协议并付了创作费，每年樱花节都会使用这首歌，这首歌优美的旋律，我认为也可以和日本的《樱花》相媲美。

樱花节上演唱《雨中的樱花》后与演员合影

好的音乐，旋律一下就能让你记住，就像水渗入泥土之中，《友谊珍藏在心中》就是这样的歌曲。这首歌旋律流畅，具有娴熟的技巧，更在于它比一般人多了一份对艺术的要旨和对人生友谊的深切感悟和理解，旋律中有他对朋友的友情，有他的生命感悟。记得几年前在野鸭湖举行的“秋之音乐会”上，大家合唱这首《友谊珍藏在心中》：“不要忘记昔日的学友，在月光下的小小阁楼，追求人生，共同的理想……”歌词是我写的，我陡然想起了往日在宝善街小阁楼的种种场景，这首歌的旋律如泣如诉地流淌，我心里总感觉有很多话要说，但一句话也说不出来，只想随着歌声流出眼泪。真的，那时眼泪总是忍不住在眼眶里打转，我不知道这是为昔日的学友，还是为梁巨成，还是为自己。

内森·卡伯特·黑尔在《艺术与自然中的抽象》一书中说：“月光能改变我们内心中尺度的感觉，它有时也能唤起强烈的怀念和孤独的感情。”单是一轮月亮就能满足小说家们的各种美学需要。也是这段话让我产生了创作《秋天里最后的花瓣》这首抒情歌曲的灵感，它融人、情、景为一体，适合抒情男中音唱，中间它由D大调式转入d小调式，表现了忧伤、悲凉的气氛。使寂寞的心灵得以将思绪飘入月色笼罩下的天空，使伤感的梦想找到了合适的温床，使处于迷醉状态下的恋情变得更加浪漫非凡。“往日的爱情化作淡淡的愁云，在暮色中燃烧。”夜晚的迷茫与朦胧，反而带来了比确定的白天更大的想象空间，凉风如水，星光如梦，会使人生出许多情绪与幻觉。“月色朦胧的小路上，那片记忆的花瓣，已失去了往日的芬芳。”

《秋天里最后的花瓣》这首歌曲的主题就像无形的精灵一样隐藏飘忽在语言、情节的深处，它偶尔闪过，当你想捉住它时，它又飘然而过。“你那修长的身影，你那深情的目光，回想那历历的往事，在我心中浮现，如今甜蜜的秋梦，早已随风飘落……”勾着的脖颈，清晰柔和的线条，如水荡漾的流盼，深情的凝眸，以及温柔絮语，这一切都能使人产生动人的秀美感，我在录音棚里录这首歌的时候，对歌曲

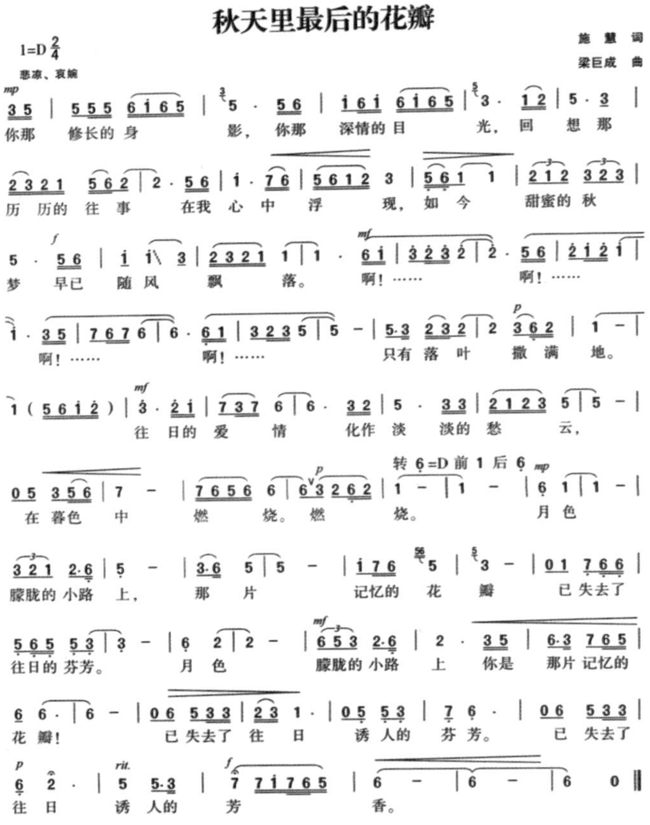

《秋天里最后的花瓣》曲谱

中的女主人翁不禁产生了一股怜爱之情。

浪漫主义作家诺瓦利斯曾将憧憬的目标喻为蓝花。“蓝花象征着完全的满足，象征着充满整个灵魂的幸福。”蓝色暗示着遥远。我们在读张承志等人的作品时，总有一种迷人的遥远感和忧郁感，同样是一位少女，一旦出现在月色朦胧、凉风习习的秋夜，便会使人感到一种神秘和忧郁的情调。《秋天里最后的花瓣》这首歌，正是这种遥远感和忧郁感使我们凝眸秋日苍茫的时间深处，觉得人生既艰难而又十分浪漫。

《明天我要离开邦喀岛》是我与朋友马应昌2006年春节期间到新加坡、马来西亚旅行之后的作品。在这首歌里，我们能够感受到鲜明而深邃的西亚风情元素，一方水土养一方人，不仅养他们的肉体，养他们的面容、肤色与骨架，也养他们的气质、脾气与性格，还养他们的文化。我在邦喀岛游泳时，深切地感受到了这一点。

川端小说的民族风格、民族气派与他笔下的风景有关，而我们经常谈论到的他的艺术风格、艺术气派同他笔下的风景有关。而《明天我要离开邦喀岛》塑造了作者在游览邦喀岛，与岛上的姑娘一见钟情的情缘，并着重描写了邦喀岛的迷人的风情。歌曲6/8拍的节奏感，表现得非常自由，非常流畅，非常舒展，作曲者能融会地使用形象的音乐语言，表现了群岛水面喧哗的声音形象。这首歌里有光、有影，而正是有了阴影，世界才变得富有迷幻色彩。“月光勾起了思乡情感，去寻找爱情思念的地方。”所以，一首唯美的歌曲，常常是声色光影的融合。

《烟雨中的黑井》是取材于云南民族、民间曲调来完成的歌曲，歌曲为ABA段曲式，从低音至高音共十三度，旋律一开始就展现云南黑井古镇在山间被烟云笼罩的虚无缥缈的景象，它神奇而雄伟的山峻，曲调深邃、委婉，给人们一种遐想。当旋律向一个方向运行时，梁巨成让它突然地改变了方向，出现了一个优美的弧度。“云里行，雾里走，登险峰，下峡谷，一股溪流指引路途”，落差造成了美感，看着溪流缓缓流淌，然后落进咆哮的龙川江，歌曲将听众引上一条充满迷惑的小径，然后一拐一曲地引领他们向山顶行进，最后终于登上了飞来寺仙境般的高山峻岭。

“穿越”是一次寻觅与探险的路途，随着旋律，我们在黑井的悠悠岁月里寻找，旋律的不断推进，听众陷入了紧张与兴奋，“眼前并非是梦”，这是最终的喜悦。

烟雨中的黑井

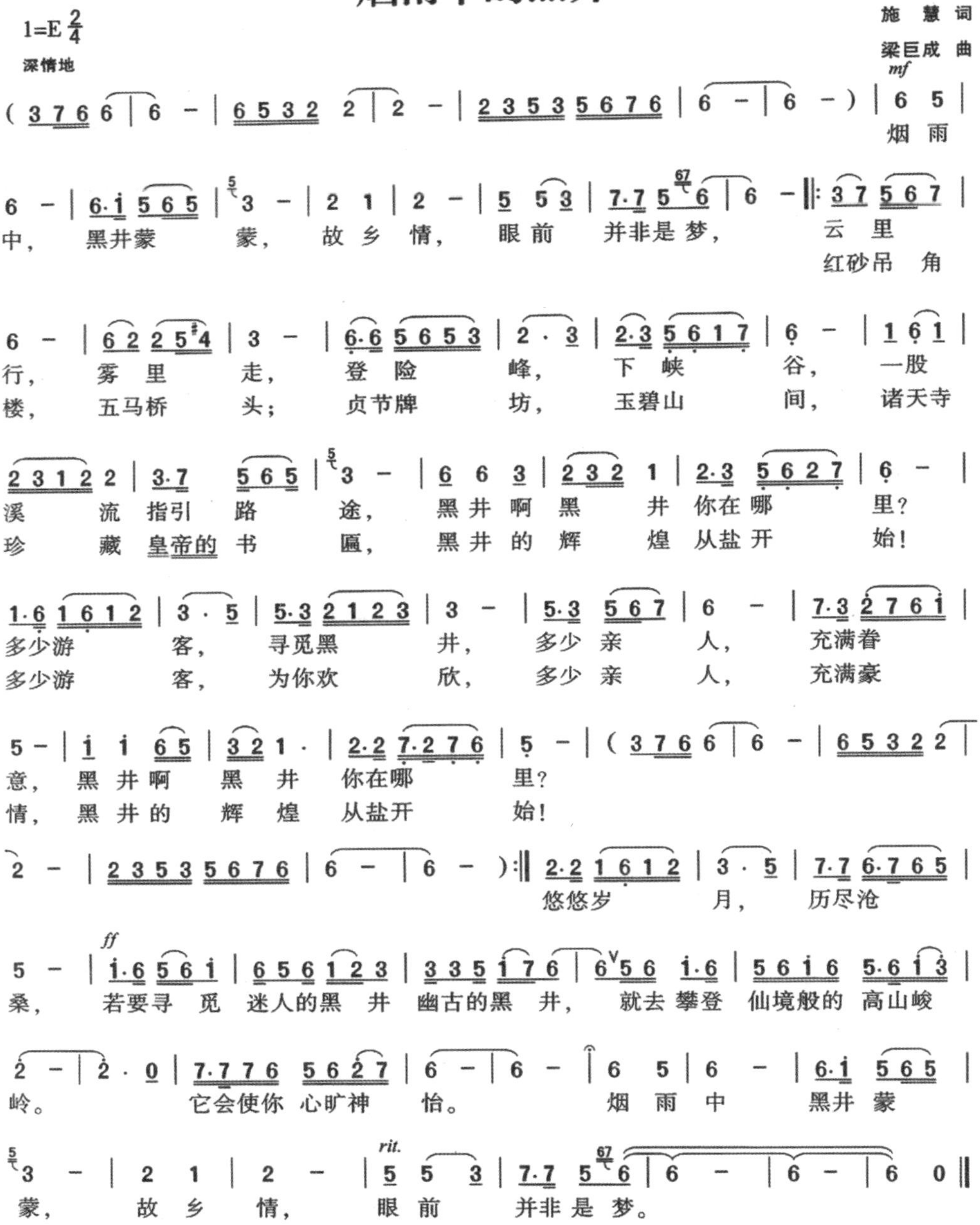

《烟雨中的黑井》曲谱

《烟雨中的黑井》为什么用了烟云意象？一是朦胧恍惚，符合黑井“岁月悠悠，历尽沧桑”的历史；二是符合柔美、和谐的审美境界。

在陀思妥耶夫斯基的《死屋手记》中，有一段精彩的饥饿心理的描绘，我敢断言，他倘若没有这样的深刻记忆，是写不出如此准确的饥饿感觉的。海明威的拳击、狩猎、捕鱼生活之所以写得如此生动，是因为他有过种种这些方面的经验。《怀念滇池》的歌词，是一条母亲河的历史轨迹，我苦苦地寻找失去的昨天，循着童年、青年及壮年时光去回忆滇池的美景，深深地怀念着从前滇池的湖光山色，乡野逸事。呼唤海埂边瓜田里的红蜻蜓，呼唤滇池边童话般美丽、水晶般纯洁的爱情，然而，失去了的是永远失去了，瓜棚塌了，清清的池水污染了，望一望滇池中疯长的植物，不禁叹息：“何日还我一池清清的湖水。”

《怀念滇池》以抒情歌曲的写作方法来表达自己的情感，歌词朗朗上口，歌曲为抒情的调式，副歌运用了衬词“啊”来表达作者激昂的心情，抒发了对母亲河原貌的怀念之情。歌曲的旋律线条明显，气势宽广而明亮。

中国古代《庄子》一派的文学艺术，潇潇洒洒，飘逸雄奇，又给人以无限思索的空间。《怀念滇池》让人站在绿色的岸边，用一颗敏感的心灵去感应母亲河，去思索人与自然之关系。这首歌反映出来的宇宙观以及它的音乐性，是它能够成功的主要筹码。这部作品音乐的旋律、节奏、音乐的线条、音乐的色彩，最终是想获得人与自然抵达太和、祥和之境。

在2007年的青歌赛上，我听到了一首优美的《清明上河图》，眼睛为之一亮，当晚马上写《清明上河图》的词，交由梁巨成先生谱曲。这首《清明上河图》抒发了对我国北宋京城卞梁兴衰的感慨。乐声把我们引入遥远的古代，引入古代历史城市风俗画里的境界，似乎可以感受到“舟楫竞流，车骑争道”的景致。

《清明上河图》是以古典及民族乐曲的结构形式谱写的，是多段体的歌曲，运用了昆曲唱腔中的“行腔”与“拖腔”的唱法来塑造音乐形象。它是一首“之调式”系统中的D羽调式，具有豪放的激扬的气质，也有高亢到低沉的吟唱风格，旋律起伏跌宕，气势轩昂。第一段行腔扎实而舒展；第二段行腔流畅而舒缓；第三段节奏加快，整个曲子由慢板、柔板逐渐进入快板；最后进入缓慢的尾声，“墨骨淡彩，临风惆怅”，给人留下了无尽的悬念。

作者与梁巨成研究音乐作品

以上只是梁巨成与我合作的声乐创作的一部分，实际上每一首歌都蕴含着一个真实的故事。我把我不同时期的散文改写成歌词，和梁巨成的音乐相对应，异曲同工，不谋而合，实在是文学和音乐难得的结合，而这恰恰是这些歌曲不同凡响之处。现在的歌曲创作中，词曲剥离的现象比比皆是，难得我和梁巨成谱写的歌，将词曲配合得默契相吻，这是一种水乳交融的默契，既是艺术上的，也是情感上的，同时也是文学上的。

有的作曲家，一生就是和美的旋律相伴，他们不追求深刻，只希望优雅；他们不向往伟大，只向往清纯；他们不在意厚重，只希望轻盈。梁巨成就是这样一位作曲家。

作者为梁巨成先生创作的肖像画

梁巨成先生于 2016 年在昆去世，我心中十分悲痛，为了纪念我的这位音乐知音，我于 2022 年创作一幅他的肖像画，并在文林美术馆里我的第七次油画个展上展出。

2001 年，昆明盛夏新星音乐会的总策划马应昌先生，以刚毅豪放的气质，从物质和精神上坚定地支持了这台音乐会的举行，使这台音乐会带着一种不可亵渎的清纯，给昆明的音乐舞台注入了新的活力。这台音乐会也是人生的一束烛光，折射出两位作曲家梁巨成、马汝明音乐生涯多姿多彩的一面。这次音乐会演奏演唱的节目有《红河情·哈尼人》《昆明圆舞曲》《春城序曲》《赶马人之歌》《香格里拉》《天鹅》《云雀》《大观楼长联》等。

与朋友们在昆明盛夏音乐会留影

这场音乐会后，有感于马汝明先生对音乐的执着和才华，我为他撰写了一系列音乐评论文章，如《黄昏中的火把节》《感受香格里拉》《离路南石林有多远》《音色动听的洱海音画》等等。我们来欣赏一下《洱海音画》：

追逐生命之曲，你必须重新认识马汝明。

马汝明的人生，即可以奏快板，也可以奏慢板，但决不会奏不死不活的中板。当昆明盛夏音乐会上演奏马汝明的《春城序曲》和《赶马人之歌》的旋律还萦绕于我的心头时，我又听到了8月由上海音乐出版社出版的马汝明的大型小提琴、钢琴曲《洱海音画》。

马汝明的作品让人目不暇接，至今已写有四十余部器乐作品。他不只是以各种娴熟的技巧表现作品，而是始终在探寻云南民族音乐的主旋律。马汝明运用东方的思维描绘出来的民族音画，沉静唯美而后劲十足。更让人惊讶的是，他每新出一个作品都触动到了云南民族的脉搏，变成一种超越时空的生命语言，在国内乐坛上形成了鲜明的民族色彩。

《洱海音画》由317节小提琴与钢琴曲组成，它反映了作曲家对大理风光丰富的体验、精细的感受、内在的激情和沉静的思索。作品以钢琴伴奏为背景，小提琴的变化旋法为旋律线，塑造了生机勃勃、充满活力的音乐形象；描绘了大理风光的生动画面；表现了改革开放的春天给白族人民带来的美好、清新的感觉，以及人们迎接新生活的喜悦情绪。

《洱海音画》的风格纯朴，清新优雅，以情动人，以美感人。具有曲调鲜明、织体多样、和声清晰、手法新颖的特点。它以悠长深情的曲调、波浪起伏的旋律线表现了作者欢乐的遐想和热情的倾诉。这首作品与马汝明其他不同色调的民族音诗一样，都在拨动人的心弦，全曲共分三个乐段。

音乐伊始，开朗而朴素的c小调引子在钢琴上出现，它是以大理白族音乐为基调发展而成的，随着美妙、活跃的旋律，动听悦耳的民族和声刻画了苍山的倩影，那皑皑的雪峰，薄雾笼罩，神秘莫测。然后旋律有了起伏。一个持续的钢琴颤音表现了洱海的波涛声，随着颤音的减弱，海面泛起一片银色的涟漪在轻轻颤抖、颤抖……铺至很远。而苍山下，碧波荡漾，白帆点点，显得恬静秀美。接下来在低音部潺潺流水的音型中，使人感到在月光下嬉戏的鱼，它们的鳞片也是银色的。

在这样的钢琴和声的背景下，第一乐段开始引入抒情的小提琴声，特别是小提琴双音技巧的运用，使得整个音诗画面呈现一种立体感：苍山在碧波荡漾、一碧如洗的洱海背景上，显出了它的滞重，面对苍茫、厚重之上飘浮的白云，我们禁不住要惊叹大理风光的美丽壮阔。接下来小提琴连下弓的技巧再次渲染了洱海的波涛声，之后引出了一个抒情的主题。

主题轻松愉快，有时由钢琴和小提琴交替奏出，一派怡然自得的情趣。随后主题重复奏出，但它不是长久地重复一个节奏型，相反，它那丰富多彩的音型变化、和声变化、节奏变化、音色和音区的变化等等像大自然的光照一样把大理风情变得五光十色。在这样的旋律声中，我们仿佛来到了一个小小的渔村，银色的月光洗白了农家的照壁，我们知道每个屋子的主人都在做着一个丰收的梦……

最后，第一个乐段在c小调的主和弦上结束了。

第二乐段在钢琴的间奏中引入了跳跃欢乐的和弦，它是第一乐段主题的发挥，进一步描述了在大理旖旎的风光背景下，白族人民欢乐的生活，愉快的心情。随着小提琴模仿小三弦跳跃的旋律，我们似乎听到了在洱海边的美景中传来了白族男女青年的欢歌笑语，感受到他们弹着小三弦，抛起霸王鞭，欢歌劲舞的场景。在音乐声中，我在寻找我的思念，我竟然找到了一对白色头巾下白族姑娘的大眼睛，回眸看了我一眼。随着小提琴双音技巧和短弓技巧的加入，音乐发展到情绪更为热烈活跃的高潮，哦，我看到了，我从那片明亮的秋波里看到大理艳丽的风光，白族人民欢乐幸福的生活。

这部分由一个欢快的主题动机构成了一个展开性的乐段，经过几次变奏很快又回到柔和的主部主题上。再经过稍加激动的双音技巧和短弓技巧的加入，青年男女的舞蹈更为热情强烈，如同节日的欢乐，充分表现了他们喜悦的心情。

第三乐段是主题变化的再现。听那小提琴快速的琶音跳弓，多像洱海海面上带着雨点的狂风和波浪，再听那钢琴低音部混沌的呼声，这一切都再现了苍山洱海的壮观。雨过天晴，草地发出爽人的清香，小提琴回到了抒情的主题：阳光下的洱海、雪峰、十八条溪流唱着欢歌奔流而下，洱海上的点点白帆，以及船后那道飞溅着珍珠般浪花的航道。听着听着，我们跟着马汝明先生又回到那个小小的渔村，我终于找到了自己的思念，甚至连渔村里一个个被银色的网罩住的活蹦乱跳的银色的梦……

最后马汝明用了左手拨弦和颤音同时运用的小提琴技巧，把音乐再次推向高潮，其主部自下而上的快速音型，表现了白族人民男人拨弦、女人唱歌的欢乐场面。

《洱海音画》的三个乐段，作为一个整体，有着内在的联系。从引子的出现，到抒情主题的引入，再到主题的发展，最后是主题的再现，乐曲虽然结束了，但我们仍然沉浸在对大理人文风情的遐想之中。

人生的常与变、盈与虚，无关风月，而在于自身的实力。《洱海音画》不是简单的音乐模仿，它是马汝明心灵的倾诉。作品的技巧是成熟的，如双音、跳弓、连下弓的运用，如小提琴左手拨弦和颤音同时运用的创新，这些技巧的细致刻画，使得这部作品成为大理的风情画卷，成为具有浓郁的民族民间特色的人生之歌，转折最大的是对故土的感动。对花甲之年的马汝明来说，现在的生命之歌，探测的是内心的虚实境地，弘扬的是民族音乐的主旋律。

马汝明先生的小提琴作品后来还作为小提琴考级的教材使用，他的作品足够举办一整台晚会，但由于资金的匮乏，生前未能如愿，我为他感到深深的遗憾。

除了与梁巨成先生合作声乐作品外，我还从事了声乐的练习，这方面是师从云南艺术学院毕业的丁晓薇老师，其中大概有2~3年时间吧。后来我在云南艺术学院及云南省电视台录制了三盘光碟，分别是《岁月的回忆》《童年的梦》《施慧声乐作品演唱集》。

作者与丁晓薇老师讨论声乐知识

作者录制的三张声乐专辑

2009 年 6 月，我与梁巨成先生的作品音乐会在昆明宝善大酒店举行。记得当时天公作美，景色宜人，天气出奇的好，不像几天前大雨倾盆，水淋淋的感觉很狼狈。当晚夜色中的宝善大酒店，灯火辉煌，几根圆形的大柱，静悄悄地伫立，池边，人群聚集。这一夜，宝善大酒店只属于这些艺海中的寻梦者，音乐就这样一直伴随着我们。

晚会由梁巨成和我的作品组成，由云南省音乐家协会和云南蒙学研究会主办。这台音乐会清新如风，清凉如水，有一种自然的韵味，没有都市灯红酒绿容易泛滥的矫揉造作和人为添加剂的味道，它让我们感慨，原来我们已经粗糙的生活还能渗透出这样的湿漉漉的水珠，透明而清新。

音乐会合影

当时第一个登场的是陈美芳，她像一位特别愿意并有能力展示风情的俄罗斯姑娘，其紧绷绷的丰满身材、神采和气韵盈盈流溢于全场。她演唱的《烟雨中的黑井》是我写的歌词，故而我对它有一种特别的钟爱。前奏时，全场安静至极，观众静静地等待着黑井的红砂吊脚楼、五马桥头从眼前的夜色中飘来。陈美芳用她抒情、甜润的音色深情地演绎了这首歌，使你真切地有一种烟雨中寻觅黑井的感觉，特别是中间用了一个十二度的下行旋律，表现了寻觅黑井的艰辛。第二段用美妙的旋律介绍了黑井的各个景点，中间再现了B段的旋律，加上陈美芳在高音区自如洒脱的演唱，我们仿佛登上了玉碧山，眺望黑井的全貌。黑井是我妻子的故乡，由于历史的沧桑感，陈美芳把歌声化为一种略带伤感的苦橄榄，让观众轻轻地品味，缓缓地飘曳，幽幽地蔓延……

男高音歌唱家施国华先生演唱

接下来由男高音歌唱家施国华演唱了《永远的勃拉姆斯》和《小号夜曲》，这是两首真正沁人心脾的美声歌曲，《小号夜曲》开始的旋律就是一个激昂的小号前奏，展示了青年男女爱慕的思恋，它那优美动人的旋律犹如舒伯特的小夜曲一样甜美怡人，我知道，没有那纯洁而痴情的恋情，不会有这样的怀念，不会有这样的久久期盼。

丁晓薇演唱的《荷韵》则具民间特色，曲调幽雅、顺畅，透明得几乎不染一点杂质，单纯得犹如一个天真未凿的小姑娘，那旋律可以清水洗尘，可以海滨沐浴，你听：“荷扇飘飘，荷莲摇摇，荷花像少女在清晨里浴澡，含笑中托起透明的珠宝。”还有那甜美迷人、流水清澈、珍珠晶莹的钢琴伴奏，也让人感慨。我坐在第二排，钢琴伴奏陈晓娟的手指看得格外清楚，清风临水一般掠过琴键，那美妙的琴声便像是荷池中荡漾起一圈圈清澈动人的涟漪，偌大的剧场和我的心都被这琴声抚摸得有些湿润了。

音乐会在梁巨成先生作曲并演唱的《大观楼长联》的歌声中结束了。《大观楼长联》上联用民族唱法，抒发了对昆明五百里滇池风光及四周景色的赞叹；下联用吟唱方法，抒发对云南从汉朝到清代历史兴衰的感慨。听梁巨成唱《大观楼长联》，乐声把我们引入到遥远的古代，引进到了与古典诗词相结合的境界，似乎听到了孙髯翁描写滇池如泣如诉的神韵，确有秋风萧瑟，苍烟落照，撩人愁思的情致……

当然，这台音乐会也有很多不尽如人意的地方，但在一个文学艺术包括音乐在内的文化世界变得浅薄而浮躁的季节，一颗赤子之心尚存，一粒寻梦的种子尚存，不仅保护得那样好，还能让它绽放出如此美丽清新的花朵来，已是实属不易之事了。

演出结束了，宝善大酒店水池边，很多人还久久不愿离去，乐声似乎化作了融化在空气中花的芬芳，在大家的心里弥漫不散。

那晚的夜色真好，好像真的滤掉了许多喧嚣和燥热，好像真的充满着几分宁静和沉思，好像真的在路边的远方、在夜的深处有着亲切的呼唤和等待……

在这次音乐会之后，我和梁巨成又合作创作了《童年的梦》《泉边》《海鸥圆舞曲》等声乐作品，其间我们多次到北京参加全国的音乐盛会，《海鸥圆舞曲》《故乡的秋》《童年的梦》均获得了全国音乐大赛金奖，《现代音乐之父斯特拉维斯基》获全国音乐论文一等奖。2009年，云南民族出版社出版了《来自心灵深处的吟唱》一书。到北京参加音乐盛会的还有尹亚君教授一行人，尹亚君与梁巨成先生合作的作品《山茶盛开的故乡》同时也获得了金奖。从北京回来后，我在想，我为什么不自学音乐理论呢？

“二十一世纪华人音乐大赛”与秘书长李明(中)合影

"二十一世纪华人音乐大赛"与参赛者合影

我从事音乐创作16年，与梁巨成先生合作创作声乐作品51首，部分作品收录在《来自心灵深处的吟唱》(云南民族出版社2009年出版)、《梁巨成歌曲选集》(云南人民出版社2012年出版)，其代表作有《小号夜曲》《永远的勃拉姆斯》《雨中的樱花》等，其中《海鸥圆舞曲》《故乡的秋》《童年的梦》均获得全国音乐大赛金奖。后出版了《施慧、梁巨成音乐作品专集》(云南音像出版社2010年出版)，并于2009年由省音协与云南传统蒙学研究会主办了"施慧、梁巨成作品音乐会"。2009年8月在云岭大讲堂由我主讲了"声乐作品中的美学思考"，2013年成立"施慧艺术工作室"从事音乐和油画作品创作。同时，我在云南省小提琴学会会长杨唐杰老师的指导下系统地学习了和声学、曲式学、对位法，用4年的时间完成了学习课程，其后还创作了大量的音乐作品。

2017年3月18日，由昆明圣爱中医馆主办的"圣爱名老中医施慧作品音乐会"在昆明成功举办，音乐会的主题是音乐与健康。音乐会上由我省钢琴演奏名家吴海雁的团队演奏了《明亮的早晨》《蓝色的记忆》《a小调变奏曲

·郊外漫游》等14首钢琴曲，同时我省知名歌唱家施国华、孙兰娟、周永红演唱了我与梁巨成合作创作的《小号夜曲》《童年的梦》《怀念滇池》等6首声乐作品。

晚会由姚济白先生与丁晓薇女士主持

知名歌唱家孙兰鹃在演唱

吴海雁团队演奏钢琴曲

音乐会结束后合影

音乐会后，我于2017年出版了我的钢琴作品集《尊严》，我在后记中这样写道：

> 《尊严》这本作曲选集付梓时，我终于落泪了。这毕竟是4年辛劳的结晶。对于一个音乐爱好者，在4年之内完成和声学、曲式学、对位法的学习，并写出作品，开个人音乐会，这绝非易事。这其中的甘苦，自己清楚。写出作品是一回事，把五线谱变成听觉效果，这又是另一回事。去

年，当我把创作的15首钢琴曲交给吴海雁老师时，吴老师多少捏了一把汗，但最终还是被我执着的精神所感动，吴海雁团队进行了二至三个月的排练，并在陈军主任的配合下，成功地举办了"圣爱名老中医施慧作品音乐会"，留下了录音录像。

而圣爱的团队为了这次音乐会，也付出了很大的努力，通过这场音乐会，圣爱增强了文化自信，我也实现了自己的钢琴梦，我感谢圣爱，我感谢刘总，感谢所有参与到音乐会中的朋友们、亲人们。正是有你们无私的支持，我才能无畏地向前走。

无畏是不可战胜的！

有生之年，再期待另一场音乐会吧！

《尊严·施慧作曲选集》

陈军先生与作者在会上交流

我曾经花了大量的时间来研究古典音乐大师的传记和他们的作品，其中我注意到了德国浪漫主义作曲家门德尔松，他的艺术与他的一生都是值得我们去研究的。门德尔松的一生虽然短暂，但却令人羡慕，他家道殷实不必为生计犯愁，他接受过良好教育，会说6种语言，喜欢绘画和写作。门德尔松家位于莱比锡大街三号的老宅，占地7英亩，还专门建了一个可以容纳数百人的小音乐厅和一个规模不小的图书馆，他的婚姻生活不仅顺利而且幸福，夫妇二人琴瑟和谐。总之，所有的一切都令门德尔松的生活看上去那样完美，然而，天妒英才，他没能活过四十岁，成为又一位短寿的天才。

我关注到门德尔松有一个个人的小音乐厅，他专门在那里排练自己的作品和举行小型音乐会，受到他的启发，所以我在2022年的上半年创建了一个“追梦艺术团”，同时拥有一个艺术工作室，既可以进行油画创作，又可以排练音乐作品，还可以举办小型音乐会，我们每月都会在艺术工作室里排练一次，主要是排练我创作的作品，当然也会排练一些高雅的艺术作品，以及一些歌颂祖国的作品。艺术团由我和李露负责，活动场所及费用由我提供，为了艺术，值！

追梦艺术团成立纪念合影

回过头来，我们再谈一下门德尔松。门德尔松在视觉艺术方面具有高超的天赋。早在儿童时代，门德尔松就展现了绘画天才，他的父母也一直给他请来绘画老师，其中包括1822年开始教他的柏林风景画家罗塞尔教授。这年夏天，门德尔松在德国和瑞士旅行时就创作了不少铅笔画。到他15岁时，罗塞尔送给他一卷瑞士风景画集。门德尔松在短短的一生里绘制了大量的绘画，包括他在德国、瑞士、意大利、英格兰、苏格兰等地旅行所见的风光。门德尔松一家与绘画界也有紧密的联系。他的妻子塞西尔就是一位著名的画家，当然更重要的是他的姐夫维尔海姆·亨塞尔曾经是普鲁士宫廷肖像画家。门德尔松在罗马旅行时又结识了多位德国画家。亨塞尔曾经说过，门德尔松在姐姐芬妮去世后的水彩画中丝毫看不出任何业余的笔触。在创作音乐之外，素描和油画是他最大的喜好。门德尔松青年时代写的信件中，总是画满了素描，生动描绘身边的自然世界、建筑和人物。

绘画方面的爱好也影响了他的音乐作品。门德尔松的器乐作品里，再现部分几乎很少出现，也是这个原因。他觉得听众的体验必须是统一的、直接的，就像欣赏一幅画、一处风景，之后的回忆也应该是一个整体。门德尔松一直努力让听众把作品当作一个完整统一体来欣赏，也就不可能太着重深层的扩展，否则会模糊前景物体的清晰轮廓，为此，门德尔松的作品里，许多抒情慢乐章与贝多芬或舒曼相比，缺乏深入的展开。不过，这些段落却都有更加饱满的旋律，变奏的形式也融入其中，比如两部钢琴协奏曲的慢乐章。门德尔松非常喜欢短小的众赞歌形式，也喜欢清唱剧中的分段形式，因为这好比是绘画里的实物模型，不管细节、阴影、视角有何不同，都不会改变它们的基本物质。门德尔松的音乐作品中，总有一个焦点，是整个审美的核心。门德尔松的音乐作品中，对位的运用比较传统，强调各个旋律线的清晰度。比如，他非常喜欢运用赋格，也是因为赋格是通过模仿展开，非常清楚。门德尔松的音乐叙事是在清楚的主题旋律和结构中不断加深，而不是在自由随意的变奏里展开。

我从门德尔松的生平中获得了养料，我把音乐与油画结合起来研究，在2023年完成了我的油画专著《色彩密码》，例如其中的几个章节：“色彩透视的厚度配置”“倒影的对位形态”“色块模进的研究”等等。在 2023 年 2 月，为了庆祝我的生日，我们在我的艺术工作室举行了一个小型音乐会，在乐队的伴奏下，孙兰娟教授演唱了《小号夜曲》，王平波教授演唱了《永远的勃拉姆斯》，而我则唱了《秋虫》《明天我要离开邦喀岛》，圣爱有关部门的负责人及友人，一共四十多人参加了这场音乐会，大家在诗意浓浓的氛围中，见证了我的 79 岁生日。

在此之前，我到昆明电视台参加了一档节目“加油吧！老爸老妈”，在节目中我展示了 8 月份在文林美术馆第七次个展中的四幅油画，同时演唱了我与梁巨成合作的《秋天里最后的花瓣》，这首美声作品的结尾：“月色朦胧的小路上，你是那片记忆的花瓣，但已失去了往日诱人的芬芳”，这是对昔日感情无奈的追忆，音乐与油画放在一起，使我深深地感觉到两种艺术的冲撞释放出来的张力。

作者参加“加油吧，老爸老妈！”节目

从与梁巨成合作创作声乐作品，到学习作曲理论，再到写作钢琴曲、举办音乐会、创建“追梦艺术团”，这是一条艰辛而又幸福的旅程！

我的人生旅途中，转瞬已近 80 年，加之童年家庭困窘，世事坎坷，自己俨然也是一名疲惫的旅人了，但我对生命的依恋和对生活的热爱，仍然是我创作音乐的主旋律。

《秋虫的怀念》是50年前的事了，怀旧本是一道风景，通过回忆把逝去的生命重新组合起来，其中最牵人情怀的就是对故乡的忆念，因为它直接连着生命的童年，所以我创作了《秋虫》这首歌，你也可以从《小号夜曲》中，体味到那份深情与迷恋、执着与思索里积淀着的岁月的重量。在这个章节中，我回忆了我学习音乐和创作作品的过程，我想表达的是：音乐也是可以自学的，掌握方法和用心去做，你一定会在艰辛跋涉中品尝到一杯醇香的葡萄酒。

第五章　油画的色彩密码

2012 年深秋，已有依稀凉意，在字里行间行走，我也有些时日，疲惫的身躯迫使我做出了一个抉择：搁置文字，选择油画与作曲的创作。

有鉴于此，我请青年画家倪加先生作指导老师，每周三节课，风雨无阻，倪加先生艺术理念高雅，画技娴熟，授课一丝不苟，要求严格。两年半后，我因疾停课，病痊愈，开始了独立的创作，并拥有了自己的油画工作室，楼下是画室与音乐创作室，楼上是油画展厅，后来我省知名画家曹悦和亚丽也不定期地来工作室看画，并给予了很多的指导。下面是我在作画时的一点感悟，虽然只言片语却都真性情也。

2013 年春节过后，朋友对我说，他去了苏梅岛，从酒店的阳台看出去，雪白的沙滩上一群欧洲女郎在裸泳。第二年的春节，我也买了机票与妻子飞赴苏梅岛。当然没有看到欧洲女郎，只有一对外国夫妇带着孩子在沙滩上玩。睡在躺椅上，我在想：我们都是人生中匆匆的过客，为什么不歇歇脚，喝上一杯葡萄酒，回忆一下往事，也许会有些伤感……回来后我创作了《苏梅岛》这幅画。曹悦说，这算一幅现代画，她很喜欢。亚丽说，沙滩画得精彩。遗憾的是，过了一年，我感觉沙滩太空旷，天空云彩太单调，就把沙滩的色彩丰富了，云彩也增加了，2014 年 11 月，曹悦、亚丽来一看，大惊失色，银灰色的沙滩消失殆尽，透视的感觉也没有了，我知道我犯了“实用主义”的错误，那晚我失眠了，第二天回到画室又把《苏梅岛》还原过来。

苏梅岛

被遗弃的狗狗

现在来说说这幅《被遗弃的狗狗》，我家的附近常有一只狗狗在游荡，那是一只被人遗弃的小狗。有天，我拿起相机想给它拍张照片，狗狗突然向我扑来，我只有落荒而逃。等我定下神来一想，狗狗肯定是这样想的："我都这样落魄了，你为了出名还要叫媒体来曝光我，拼了！"现实生活中又何尝不是这样呢？因此，我画了这幅画，一幅暖灰色的画作，亚丽说狗的形体还不突出，后来我在狗的周围加了一点紫蓝色。

2016 年初春，云南昆明姚氏妇科流派在昆明举行了一个六艺展示会，其中围棋赛是六艺之一，由圣爱中医馆围棋队与盘龙区围棋队举行对抗赛，我用油画《对弈》真实地记录了这一瞬间。画中棋手手握扇子，胸有成竹，旁边围棋八段高手凝神定志，周围观众聚精会神地在观战。

对弈

画友说我喜欢画有场景的画，这倒的确不假，我有很多画自己定义为"人物风俗画"，如《对弈》《聚焦》《期盼》《艺术家》等等，这些画中的人物，表情各异，站立方位也不同。

期盼

这幅《期盼》画的是我的朋友梁巨成先生约我到他家里，请我为他的两个孙女画一张钢琴和小提琴合奏的画。几个月后，画作完成时，老朋友却病逝了。看着画中的他，手中把玩着杯子，充满期望地看着两个孙女的样子，我把画作命名为《期盼》。作为音乐老师和作曲家的这位朋友期盼着孙辈能把他的音乐才能传承下去，这也反映了我们现代社会"望子成龙"的一种心病，"期盼"是要付出很多时间和财力来实现的。想到朋友的病逝，我心里很惋惜，但是当我们共同的朋友丁晓微老师说画中两个孩子的手画得很生动时，我心里又多少有些慰藉。

写到这里我想到了《勃拉姆斯》这幅画。画里的勃拉姆斯坐在寂静的书房角落，看着窗口黄昏的消逝。想起他创作的《a 小调单簧管三重奏》和《b 小调单簧管五重奏》，往昔已被抽空，这两首曲子似乎暗示了勃拉姆斯内心无限的孤寂，一方面是对所居住的伊舍尔美丽多情的夏天的留恋，另一方面是对恋人克拉拉无尽的思念。从画中勃拉姆斯忧郁的眼神里，我们似乎感到了一丝不安。四年后，克拉拉逝世，第二年勃拉姆斯也离开了人间。

因为这个美丽感伤的故事，我创作了这幅画，同时和好友梁巨成合作创作的美声歌曲《永远的勃拉姆斯》，我自己也录制了这首歌，歌的音色和画的调子都是凄美的，它已经永远留在我的记忆里……

勃拉姆斯

画友曾说我画窗外的颜色太鲜艳，经过一段时间的观察，我把窗外及地毯的颜色压暗，突出了勃拉姆斯的表情，用绘画与音乐的立体艺术表现了勃拉姆斯对克拉拉的思念。

舞厅里彩光流动，人们跳着探戈，那柔美的舞姿艳影，常常使我流连忘返，10 多年来，我常拥着妻子在彩光相映的舞池里伸手侧头探脚，回忆起这些情景，我画了《探戈》这幅画。看这幅画里缠绵的步子带点凄凉的醉意，我们又舞回到纯真的岁月。这幅画流动的色彩与众多的人物表现了舞厅的氛围，生活难道不是像这样子？曹悦和亚丽都很喜欢这幅画，后来我认为地面是红色的，天花板可以用补色，于是把原来的棕红色改成了墨绿色，结果受到了她们的严厉批评，我知道我又犯了“实用主义”的错误，第二天我又把它复原了，画幅画怎么就那么难呢！

探戈

在文学史上，以背影为题材的，当以朱自清的散文最为著名了。朱自清在《背影》一文中，叙述了父亲送他去北京读书的情景。为了买几个橘子给朱自清路上吃，父亲穿铁轨、翻栅栏、爬月台，朱自清在文中说："我看见他戴着黑布小帽，穿着黑布大马褂，深青布棉袍。"等他把橘子送到朱自清手上，父亲的背影混入来来往往的人群时，朱自清的眼泪流下来了。

而我在散文《父亲》一文中也写道："记得小时候我们家住南极巷，父亲每天沿着青石铺成的巷道，牵着我和二弟，向右拐，上一个坡，送我们到福照街幼稚园，每天放学回家，照例是要检查功课，答不出来则罚跪，我跪得最多，憋着气不哭，一跪半天，父亲板着脸，母亲在旁则手足无措，那年我五岁。40 年后重逢，忆起当年，父亲内疚地说：'太严了，当时不知你有疝气……'6 岁那年，父亲离家去了台湾，对父亲的背影模糊到一片空白，这片空白，40 年后才逐渐填补起来。"2017 年，当我和太太牵着孙子去大观楼游玩，蹒跚地走在桥上，女儿在背后给我们拍了一张《背影》的照片，我看了以后十分地感慨，并以此为素材画了张《背影》的油画，女儿要把这张画挂到她的新居，我说等 8 月份的画展过后你再拿去挂。是呀，一个《背影》，朱自清写他父亲，我写我父亲，我女儿用照相机记录我的《背影》，我又用油画表达了这个《背影》。《背影》我画了三次，第一次画完，曹悦说我把太太的手画长了，倪加说背景太复杂，我后来做了修改，隔了两年，我认为色彩对比不强烈，我把妻子的衣服改成绿色，妻子很不喜欢，一个人喜欢什么颜色，有时候也是命中注定的。

《背影》修改前后对比

其实《背影》这幅画，也是中国现今老龄化社会的缩影，年轻人忙于工作，拼搏事业，无暇照顾孩子，于是老年人承担起带孩子的责任，同时也享受这天伦之乐。我弟弟曾问我："那个提包里，装的是什么？"我说："奶瓶、尿不湿、糕点……"沉重而又快乐的老年生活呀！朱自清在那个时代，看清了父亲的背影，也记住了父亲的背影；而我在童年时代还没有看清父亲的背影，父亲就远走他乡；到了我的女儿，她才真切地看清了我苍老的背影……三个时代，三个背影，它注入了多少心酸，也注入了多少温情。

2015 年初春，朋友邀请我一同观看"昆明交响乐团成立五周年音乐会"，其中大提琴家克里斯蒂安·皮埃尔演奏了《艾格蒙特序曲》及圣·桑的《a 小调第一大提琴曲》三十三号作品。听着悠扬的琴声，我陷入了沉思：昆明交响乐团的艺术家们在经费很有限的条件下，长期坚持高雅音乐的推广，他们始终坚持编织着这个“蓝色的梦”，难呀！根据音乐艺术的灵感，我创作了《蓝色的梦》这幅画，画中大胆运用有层次的蓝色作为背景突出了提琴演奏者。

蓝色的梦

2018 年，弟媳生病，母亲十分牵挂，但对手机一窍不通的母亲又不会用微信，于是用传统的办法，拿起笔在昏暗的灯光下字斟句酌地写起了信，看着母亲那顺畅而又娟秀的字迹，字里行间流淌着的是真情实感，这情景让我久久不能忘怀。在互联网统治的时代，我还是怀念那个书信传情的岁月，所以画了《家书》这幅画。

家书

谈着油画，突然又想起了音乐，多年以前，我在云南艺术学院毕业的老师丁晓薇家里学习声乐，大概有两年之久。后来由她帮我伴奏，我演唱并录制了十首歌曲。多年来的交流让我们成为亦师亦友的忘年之交，她对声乐和钢琴教学的认真严谨我十分钦佩。一天我又拿着自己的音乐作品去她家请她试弹时，看见她认真辅导一个孩子弹钢琴的情景，我用《艺术之光》这幅画记录下这充满希望的瞬间。朋友对画中的窗户提出了异议，我观察了很久，最后把窗外的光影淡化，突出了人物和窗外射进来的阳光，这阳光就是艺术的光芒，它会照亮我们的人生，照亮我们的世界。

艺术之光

2003 年，我出版了第一本散文集《人生苦旅》，其中有一篇文章《逆境中的坚守》是讲我的好友老中医马应昌先生在困难的环境中坚持学习医学的故事。虽然现在的他已经谢顶，但他思维机敏，记忆力极好，交谈中时常闪烁出智慧的火花。一直以来老友都有一个习惯，每天都要读书到夜里一点，于是我为他创作了《夜读》这幅画。

夜读

写了那么多创作灵感来源的故事，现在我

们来谈谈绘画技术层面的问题，关于焦点区的问题。画了几年的油画，我对于焦点区的强调近几年才日渐重视起来，可以说每幅画的焦点区处理不好，整幅画就会平淡无奇。

如《闲适》中的石头和海浪的高光点与人物共同形成了焦点区，又如《绿色海湾》中对岸边海浪的刻画，表明了兴趣中心的明暗对比的重要性。

闲适

海湾

另外，绘画到了一个较高的层次时，其实就是理性和情感的结合。在画《远去的风景》时，男女主角的情感交流是通过男主人翁流盼的眼神和女主角羞涩的目光来表达的，这是重点要刻画的。

远去的风景

再如《交易》中一家三口在等待卖牛的过程中，男主角咬着手指，父亲和儿子虽然背坐着，焦急的情景依然跃于画上。

我会用逆光表现人物，突出人物轮廓及剪影效果。例如《归途》里我通过朴素的设计、敏锐的观察力及逆光的有效运用，将人物头部与肩膀边缘栩栩如生地表现了出来；《静物》里我通过酒杯的光晕表明光线的起伏和消散，在《拂晓》里用罩染法突出了天空。

交易

归途

静物

根据绘画中黄金分割线的原则，绘画中空间的分割不能平均，要让其中一块空间占优势地位。以此方法分割出来的画面会突出其中较大的一块空间。如《拂晓》中河岸两边左大右小，避免平均分割与对角线分割。关于色调值的运用，一个物体的色调值受光照角度的影响。占主导地位的最暗区域也会有一些较亮的点，因为其周围物体表面会将光照反射到色值较暗的区域。就像《归来》的左边那面墙，此处不宜渲染色值上的对比，否则观众注意力会被吸引到阴影部分。一定要记住在画面上要出现一系列的色值，但只有其中之一占优势地位。如《远去的风景》里要把观众的色值压下去，提高两位演员的色值（焦点区），整幅画才会亮起来。

拂晓

巴厘岛的落日

在《巴厘岛的落日》这幅画中，我们看到，最常见的海面景象就是起伏的浪花把海水一次次推向沙滩，而留下的泡沫让潮湿的沙滩显得闪闪发光。你会惊讶地发现那些靠近岸边的海水颜色通常不是你想象中的蓝色，它们由于掺杂了沙子而呈现出赭石或棕色，而海面之所以会是蓝色或紫色的是由于天空的颜色反映在海面上，这些效果通常都能用湿画法来描绘，这个方法能让画面中的颜色之间产生柔美的混合，另外我会使用一支比较大号的画笔，并且保持笔触跟海水运动的方向一致。

一幅画完成之后，要摆一段时间再仔细观察：色彩有呼应吗？焦点区突出了吗？哪些地方要提亮？哪些地方要压暗？色彩的过渡自然吗？“同时对比”的技法是否用在突出焦点区的地方……然后根据问题再做修改补充。

现实生活中，音乐家和画家同样面对大自然，一个把感受转化为音符，一个把感受转化为视觉词汇。能不能把两者结合起来呢？这就是我要提出来的一个概念——立体艺术。

我的作品里有四幅画《勃拉姆斯》《探戈》《夜色》《雨中的樱花》，它们根据我与梁巨成共同创作的四首声乐作品《永远的勃拉姆斯》《激情的探戈》《秋虫》《雨中的樱花》的意境而画。我将这4首歌曲收录进画册并附上光碟，希望读者可以同时感受到听觉与视觉的艺术氛围。同时我将立体艺术的方法运用到中医临床实践中，用于辅助治疗男科病和皮肤病也卓有成效。

经过5年的筹备，我于2017年3月8日在圣爱中医馆金碧馆举办了我的第一次油画展。画界只邀请了我省著名画家曹悦和亚丽参加，曹悦代表嘉宾在会上讲了话，刘总也代表医馆对展览表示了祝贺。我陪曹悦看画展，我俩边走边聊，曹悦说：“施医生，我也太服你了，有谁办画展会把画挂在树上呢？”我说：“一个是没有经验，一个是没有条件。”当时我就再次感受到自学

画展开展仪式

油画的艰辛，但是我没有放弃，仍然是每天坚持上午看病，下午画画。

在展览期间，亚丽带着她的女儿来看画，当时她女儿正准备报考艺术学院，亚丽一边看画，一边为我们两人讲每幅画的得失。听了她们的意见，在展览结束后，我对很多画作进行了调整。在这里，我突然想起在姚氏巽园里听课，有时我把我为病人看病的处方带给姚承济看的时候，他一味药一味药的审核，有的地方做了修改，我拿处方给病人抓药，同时追踪疗效。自学中医也好，自学油画也好，没有捷径可走，但是老师的修养，老师的层次是至关重要的。如我学作曲，老师杨堂杰曾是昆明交响乐团的指挥、云南省小提琴学会的会长，在他的指导下，我也才会创作出一些钢琴曲。

经过总结首届个人油画展的得失，我在 2017 至 2018 年创作了一批新的油画作品，并于 2018 年 4 月 21 日在西山·艾维美术馆举行了第二次名为“艺海漫步”的个人油画展。开幕式上，曹悦与市政协原副主席姚承济分别致辞，亚丽也参加了开幕式，此次画展共展出 54 幅油画作品，展览期间，参观人数近 5 万人，可以说是盛况空前。

《艺海漫步》画展开展合影

画展盛况

现场回答参观者的提问

为参观者讲解创作历程

展览期间留影

本次画展结束后，我把当时的场景画了一幅画，在后来第三次画展中展出了，看着画上栩栩如生的人物，我不禁感慨，5 年又过去了。

揭幕

2019 年 4 月 20 日，我在西山·艾维美术馆又举办了我的第三次个人油画展，其时，我刚加入云南油画学会，好友张俊请到了云南省油画学会的副会长毛杰先生在开幕式上讲了话，他对我这种对油画创作的态度表示了肯定，参加开幕式的还有社会知名人士 100 多人，展览期间，我坚持有空就到现场，与观众交流互动，当时正值旅游旺季，省内外游客很多，故参观者络绎不绝，粗

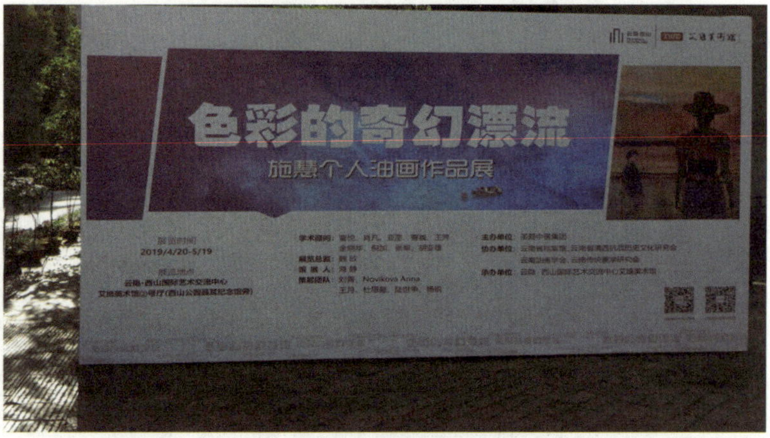

色彩的奇幻漂流宣传图

算下来也有好几万人次，这次展览的主题是“色彩的奇幻漂流”，这次画展曹悦副院长写了前言。

开幕式合影

参展嘉宾座无虚席

与参展观众合影

画展一隅

曹悦教授也为此次展览作了前言：

认识施医生多年，一直看他在画画这条路上执着向前。施医生近古稀之年才开始拾起画笔，实现年少时因种种原因未能完成的愿望，他的投入与勤奋常常令我感到惭愧。

虽然施医生并未接受过系统的绘画训练，但他的作品中满满透出对生活的热爱、对现实的细致观察和对艺术的真诚，往往比很多有熟练技巧的作品更能打动我。

施医生是一个善于学习和思考的人，对绘画有自己的理解和体会，他的作品看似随意，实则都是感性与理性思考的结果，包括画面的组织、色彩处理、情感的表达等等。施医生的画大多源于他的生活与日常所见，也常常将身边的人作为绘画的对象。在这些作品中，我们往往会陷入真实与虚幻中，所有的场面我们都很熟悉，但却又笼罩着一种难以言表的陌生气氛。从早期表现圣爱中医馆拜师场面的作品《跪拜》、表现日常生活的《探戈》、表现音乐家的《指挥》，到近一年来的《种牙》《揭幕》《博物馆》等作品，画面的视觉独特，人物生动传神，在稚拙中又有小小的幽默，让人会心一笑。在施医生众多的作品中，这些表现人物场景的作品是最令我印象深刻的。看到施医生近期作品，数次被惊艳，比如《象岛》系列。海滩是施医生最爱表现的主题之一，在这些作品中无论是清晨的惬意、骄阳的热烈、黄昏的瑰丽抑或是夜色的神秘，画面中色彩与光的交织总能带给我们各种奇幻的体验。而《浴女》《画中画》则是施医生从题材和视觉方式的全新尝试，我看到的不仅是他更为开阔的意识，更看到画面背后那颗自由鲜活的内心。

曹　悦

云南艺术学院教授

2019 年 10 月 12 日，我在昆明文林美术馆举办了我的第四次个人油画展，主题是“自然 · 现实与梦想”，云南画界中的一百多位画家参加了这次画展的开幕式，著名画家姚仲华先生在开幕式上讲了话，对此次展览表示了由衷的祝贺。

开 幕
10/12 星期六 15:30
自然
现实与梦想
From Reality to Dream by Nature
施慧的艺术世界
Exhibition of Shi Hui
2019/10/12 - 27
文林美术馆(昆明市文林街93号)
Tue - Sun 逢周一闭馆 11:00 - 22:00
策展人
蒋丽萍
主 办
昆明风景画学会
圣爱中医集团
承 办
文林美术馆
协 办
云南省档案馆
昆明美术家协会
云南油画学会
昆明市新的社会阶层人士自由职业及社会组织专联会
免费观展
Free Admission
文林美術館
Wenlin Art Museum

自然·现实与梦想宣传图

开幕式嘉宾合影

画展期间留影

2020 年 7 月 30 日，我的第五次个人油画展在文林美术馆隆重开幕，云南省委宣传部原部长晏友琼，昆明市政协原副主席姚承济，省油画学会会长唐志冈、副会长包朝阳，毛杰、白实、杨一江，著名画家曹悦、亚丽、孟薛光等艺术家出席了开幕式，云南省中医药学会秘书长葛元靖、云南省作协副主席汤萍也出席了开幕式。开幕式上唐志冈会长、圣爱中医集团营运中心总监季业发表了热情洋溢的讲话，他们都对这次画展给予了高度的评价。我在致辞中发言：“艺术需要创新，只有创新我们才能看到艺术的明天，在创新中无论成功与失败，我们都得朝前走。”开幕式上，包朝阳主席宣布了 7 位文林美术馆施慧美术奖获奖名单，并颁发了奖金及奖品，最后晏友琼宣布画展正式开幕。

"'镜子'里的哲学"画展宣传册

颁奖嘉宾与获奖者合影

随后，大家参观了我的画作，美术馆充满了热烈而温馨的气氛，大家谈艺术、谈生活，沉浸在一片欢乐的海洋中，直到深夜才依依不舍地离去。艺术的魅力、艺术的张力由此可见一斑，这是人生的浓缩，这是用时间历练的精品。

文林美术馆运营总监包理斯先生为此次画展写了前言：

一面镜子，一扇晴窗

初识施慧先生，是在一个画展上，第一印象是这个“小老头”有着一股磅礴气场，以及分享不完的人生阅历。他的谈吐明朗，举止大度，让我感觉到一种与他年龄毫不对等的青春活力。施慧先生，严格意义上算我长辈的长辈，与他相识，交谈甚欢。他的话匣子一旦打开，就似那洪水猛兽，滔滔不绝，也格外精彩，让我对他的了解越来越多——从他的理想到他的经历，从他的爱好到他的职业，最终又汇集到他对艺术的热爱，对创作的热情。

谈起创作，还不仅是绘画，著作等身早已不适用于施慧先生，他在拿起画笔以前，就已经出版过各类著作、音乐作品集，这些著作中，医学、文学、音乐等等，全部堆起来早就比他还高。在办画展前，他还自己唱歌、录歌，办个人音乐会，也有闲暇时间偕夫人去跳跳舞的习惯……如此丰富的生活阅历，加持了施慧先生的创作灵感，让他的绘画变得精彩。

我总想为施慧先生打抱不平的，就是他的绘画太精彩，以至于必须亲眼所见。正如我第一次直面欣赏施慧先生的绘画时，脑海里迸发而出的想法是：如果可能，最好永远不要通过平面媒介去看绘画作品。施慧先生用近乎最好的颜料，以及他最极致的热情去创作的绘画，有一种强烈而真实的感染力。施慧先生对色彩的敏感，也是他颇为重要，与生俱来的天赋。他画面中的色彩，相互交替，互相成就，呈现出明艳亮丽且层次分明的视觉效果。

施慧先生的绘画内容丰富多彩，是因为他把绘画当作是记录生活、珍存记忆、收获快乐的特有方式。就如他本人所言，想画什么就画什么，画自己身边的人和景，画生活中的片段，画梦里的场景和想象中的景象……所以，施慧先生的绘画，给人一种难得的真实感。我相信绘画对于施慧先生来说，变得越来越重要，每天结束日常工作时，他就一定要从医馆赶往画室，迫不及待拿起画笔。对施慧先生而言，绘画正是一面镜子，也是一扇晴窗：站在镜前的他是一位医生，是丈夫，是父亲、爷爷，但镜中的他却是翱游艺海、自由畅行的画家、诗人、歌者；透过窗，他可以回望岁月流淌的林林总总，也可展望时光荏苒的形形色色。

施慧先生的特有魅力，即说做就做，毫不犹豫。他说画几幅画，就能画几幅画；他说要办个展，就立刻着手准备；他说要请谁吃饭，过不了几日就设宴款待。很多时候，在他面前，作为一个年轻人，也会自愧不及他的果断和干练。我相信，施慧先生的画会越来越好、越来越精彩，这得益于他的性格，他没有轻松放走时间的分分秒秒，而是把自己的情感充分地混合进颜料，用思绪均匀地包裹住画笔，最终呈现在画布上。施慧先生说，自己画画会越画越激动，完全把情绪带动起来……于是乎，他连画笔都丢开了，直接上手。他的几幅新作，甚至是他用手蘸了颜料，实实在在涂抹出来的。

这些年来看过的绘画太多，对千篇一律的作品早已产生厌倦，但看施慧先生的绘画，总感觉轻松自然，又觉得有新鲜感。从专业角度出发，施慧先生会在画面上犯错，但往往正是这些无关痛痒的错误成就了他的作品，反而缺点又是优点。他的作品既不华丽空洞，也不干瘪乏味；看的时候大可放下一切思想上的包袱，无须计较整体、不必拘于小节。

反而看得久了，更体会到作品中洋溢着的大胆和洒脱，渐渐感受到作者在创作时的自信和激情。

又逢新的一年，施慧先生依然新作不断，又在筹备新的个展。施慧先生一直以来的坚持和努力，让新的作品更有表现张力，绘画的娴熟感愈加明显。施慧先生在画画时，也更加机智聪明，能够自我讨巧，懂得扬长避短；对于别人给的意见，也会合理、酌情地去分辨和取舍。

施慧先生，其实他实际的身份和头衔是医生。一个人如果从学医到行医，再到为人看病开药、救死扶伤，背负起“医生”身份时；抑或从学画到绘画，再到自由创作、形成风格，背负起“画家”身份时，究竟需要经历多少，走多漫长的路……成为医生和成为画家都不容易，希望施慧先生能在现实与梦想间行走自如，成为了却心中理想的艺术家。

包理斯　文林美术馆运营总监

2020 年春

第三次画展后，那段时间很忙，先是昆明电视台的张惠女士采访后做了“盛世典藏”的节目，后来文林美术馆 9 月 5 日举行了“施慧油画作品研讨会”。10 月 9 日，毛杰等人来参观我的艺术工作室，之后 11 月 23 日下午梁劲芸博士又专访了我……

2020 年 9 月 5 日，施慧油画作品研讨会在文林美术馆举行，会议由包朝阳主席主持，参加人员有云南省油画学会副会长毛杰先生、昆明理工大艺术与传媒学院博士梁劲芸女士、资深媒体人士万雪明先生、著名画家蒋丽萍女士、文林美术馆运营总监包理斯先生，文林美术馆施慧美术奖一等奖获得者朱岚茎女士、三等奖获得者杨学丽女士，观众代表尹琪女士、马志敏先生。这是一次别开生面的研讨会，大家在平等而轻松的氛围中发言，讨论的热烈程度令人感动。毛杰、万雪明、梁劲芸、蒋丽萍、包理斯先后在会上发言，大家首先对施慧先生的油画作品展给予了高度的评价，对施慧先生的创作激情表示钦佩，对施慧先生的构图、光影、色彩提出了很多中肯的意见。

获奖者代表朱岚茎、杨学丽在会上发言时对文林美术馆提供的艺术平台表示感谢，同时也感谢施慧先生提供了奖金及奖品。她们表示将会在艺术的道路上继续努力。观众代表也表示将会继续关注文林美术馆的每次展览，以及每次美术奖的颁奖仪式。

施慧油画作品研讨会留影

在热烈的气氛中大家也对文林美术馆的发展提出了诸多建设性的意见，研讨会的最后大家依依惜别。

2020 年 8 月 23 日，我的个人画展在文林美术馆展出结束后，我又创作了十幅油画作品，10 月 8 日，毛杰及夫人、黄辉及夫人来到我的工作室参观我的新作品。我的新作品有《情侣》《阳光穿过昆明城》《街道》《春天里的无人机》《女骑手》等，这些作品题材多样，生活气氛浓郁，色彩丰富。我认为：油画艺术应该多创作、多展览、多交流、多出书，要线上线下相结合，营造出一个好的艺术氛围。

参观工作室留影

在参观过程中，大家

对我的创作热情给予了鼓励，同时也提出了很多有益的建议，特别是毛杰先生，对每幅画的优点及不足之处，从专业的角度对我的作品的色彩、构图、透视方面做了详细的分析，为此我受益匪浅，我决定做一些局部的调整。

艺术是需要交流的，只有在交流中才能看清楚自己的短板，才会找到成长的空间。晚餐进行中，我们继续交流，看着黄辉 8 岁的女儿与我的孙子思杰像蝴蝶一样在餐厅里飞来飞去。据黄辉说，他的女儿拉大提琴已经有几年了，看着他可爱的女儿，我的耳边似乎响起了法国作曲家圣·桑的大提琴曲《天鹅》的美妙旋律，刚好我今天收到了新买的音响，我想到了油画与音乐的关联，也许将来我会有一些意想不到的与音乐有关的油画作品出现……

2020 年 11 月 23 日下午，昆明理工大学艺术与传媒学院的梁劲芸博士带着 7 个研究生专访了我的艺术工作室，这次专访是在 8 月文林美术馆我的画展期间我与梁博士的一次约定。

这些研究生一进门，就迫不及待地参观了我最近的十余幅作品，如《海滨》《滇池》《露台》《峡谷》等等，我给他们讲解了几幅画的创作过程，随后我们就开始了访谈。访谈中梁博士问到了我几次画展的过程，几次画展的不同的个性。

我说我对油画的痴迷，实际上是对色彩的痴迷，因为我研究伊顿的《色彩艺术》，伊顿的全名是约翰内斯·伊顿（1888 ~ 1967），瑞士人。1888 年 11 月 11 日生于瑞士特翁附近的施瓦尔岑埃格，1967 年 3 月 25 日卒于苏黎世。他才学渊博，不但是画家、雕刻家，而且是一位很负盛望的美术理论家和艺术教育家，毕生从事色彩学的研究，被誉为当代色彩艺术领域中最伟大的教师之一。

伊顿早年求学于日内瓦，1913 至 1916 年在德国斯图加特艺术学院学习，受该院教授赫尔策尔的影响很深，从那里他获得了极重要的色彩理论知识。在赫尔策尔的鼓励下，伊顿于 1916 年在柏林施图尔姆陈列馆展出作品，他的作品反映出对表现主义的巨大兴趣，对 20 世纪的艺术颇有影响。我仔细地研究了伊顿的色彩理论，并在绘画的创作中，实践他的这些理论，这对我的油画创作产生了巨大的影响。

我画画用的颜料是伦勃朗的品牌，它有120种色卡，就如人生中各种各样的经历，组合在一起，成就了我们丰富多彩的人生。我每天上午看完病后就会直奔画室，我要去研究不同色彩的组合，我想像英国画家透纳那样把色彩从画面中独立出来。

访谈中，我告诉梁博士，2012年的暮秋，当秋的萧瑟日渐浓厚，我知道，我在文字中行走已有些时日，我感到有些疲倦，我当即决定：搁置文字，拿起画笔绘画，从此一发而不可止。我还告诉梁博士，有时我画着画着，还会把自己和亲友拟作画中的人物，做种种幽邈的遐想，所以我的画中常常会出现大家所熟悉的人物和场景。

访谈结束，梁博士说："施先生，你对艺术的追求、你在绘画中的滚烫的创作热情、你的作品都是你感情燃烧的彩色碎片，我们对你过分丰富的人生经历和艺术才华表示钦佩。"

最后，我向7位研究生每人赠送了2本我的画册，大家依依不舍离开工作室时，我赠送了《海边别墅》这幅作品给梁博士以示谢意。

在工作室与梁博士及学生们合影

在办画展的同时，我也在出版画册，2017 年出版了《雨中的樱花》，2019 年出版了《黄昏中的海滩》，2020 年出版了《镜子》，现在我把画册中亚丽和孟薛光为我作的序言摘录出来：

《黄昏中的海滩》序言

施医生画画很勤奋，我手机微信定期收到他发来画的图片。每次看到施医生的图片信息，心里总有期待、兴奋，想着打开有一个惊喜。

曾经有人说施医生画人物不好看、难看、丑，可我觉得场景中带人物的画是施医生画中最好的一部分。他在最近的这批画中表现出人物在大空间、在自然中的各种活动，复杂的空间、人物、景物对于他来说不是难题，一切安然有序，人物特点鲜明，造型有趣，人物造型看似不合理却总有一种感觉上的正确。用色也是大胆的，带着初学者的生涩，从纯色到灰色、从重色到亮色，跨度很大，却运用自如。营造的氛围看似直白却呈现出隐隐的神秘气息，时而欢乐、时而孤独，时而欣喜、时而惊奇……

施医生保持着初心，带着好奇、探索的目光看世界，把世界表现得单纯而闪耀，我跟随他的画面把世界重新看了一遍。

施医生的画册即将出版，在此我怀着期待的心情，祝贺施医生一切顺利，实现心中之愿望。

亚　丽

2018 年 10 月

激情燃烧的油画——施慧油画作品集《镜子》序

施慧先生是一个传奇，虽年过七旬，仍以一颗年轻的心孜孜不倦地去探求医学的奥秘和艺术的真谛。2012 年以来，施慧钟情于油画及作曲，在我省著名油画家曹悦、亚丽的鼓励和支持下，刻苦钻研，勤奋创作，画了大量的作品，至今已一百八十余幅。现在他的第三部油画作品集《镜子》即将出版，我表示真诚的祝贺。施先生是一位有着澎湃激情的老者，业余作画，2019 年一年内，从昆明春光明媚的 4 月到阳光灿烂的 10 月，相继在西山艾维美术馆和文林美术馆举办“色彩的奇幻漂流”和“自然 · 现实与梦想”的油画作品展，这是怎样激情燃烧的施慧先生！

施慧先生儒雅温和，精力充沛、待人热情诚恳，他的有些作品常使我有一种莫名的混沌感，形成意象的朦胧和单纯。不管是雨中的花瓣，或是月光下的海滩，境观物象的背后，是一个心灵的世界。现实与梦想，欢乐与哀愁……在画面中油然而生。谈及艺术创作，他的眼里常常闪烁着智慧的光芒，他会在每一幅画作完成后，向你讲述画作的立意和背后的故事。施慧先生对音乐也有较深的研究，他的油画作品中许多的创作灵感就来源于音乐，如《探戈》《勃拉姆斯》《雨中的樱花》等等。

由于有深厚的文学、音乐素养的支撑，看施慧先生的油画，常常有一种隐秘的激情和诗意直抵人心。近期的作品已逐渐摆脱客观物象的束缚，而加入他独特的思考和主观精神的表达。他的油画丰盈灿烂，强烈大胆的色彩饱含着生命的温度。他的作品看似简单概括，却拙里藏巧，横涂纵抹，总能给人一种天马行空的坦荡、直率和痛快的感觉。他的人物画不拘泥于细节，却能抓住神态，很有味道。

2020年，施慧先生将在文林美术馆举办他的第五次个人油画展，这次画展，又有很多闪光的地方，如他的指画系列：《梦中人》《河马》等等。他说指画最大的特点是指到意到，他的有些画，有点写实印象派的特征，如《黎明》就有高更的特征、《无名氏女郎》就有点莫奈的色彩特征等等。从这次收录的《海边》中的红、黄、绿、蓝四个调子的系列画，施慧先生从作品的构图、色彩的控制、透视的关系都有精彩的表现，它展示了施先生在艺术方面的独特天赋。而《镜子》这幅画甚至已经上升到哲学的高度，镜子外的她是写实的，镜子里的她是虚幻的。施先生说：“我照镜子时，常会看到自己的灵魂。”多有意思的一个老头子啊！施慧先生与文林美术馆合作，设立了文林美术馆施慧美术奖，每年评选一次，由施慧先生提供奖金和十部专著给获奖者。

施慧先生如此充满智慧的艺术理念及充满温度和激情的生命状态，总是给人们以启迪，总是给人们留下很多思考的空间。让生命的激情永远燃烧在他的作品中吧！

昆明风景画学会副主席　孟薛光

2020年4月于滇池河畔

2021 年 8 月 7 日下午 3 点，第二届“文林美术馆施慧美术奖”揭晓并颁奖。“阳光穿过昆明城——施慧的艺术世界”画展同步开展，画展为期 20 天，持续到 8 月 27 日。

画展宣传图

此次画展是我在文林美术馆举办的第三次展览，也是我的第六次个展。在我看来，热爱艺术是人类的天性，展览取名叫“阳光穿过昆明城”，就是希望自己的作品能让人心里充满阳光。画展开幕时我说：“我 70 多岁才开始作画，我会一直坚持艺术创作，直到我拿不动画笔为止。我想通过自己的艺术创作经历和艺术作品，鼓励青年艺术家们辛勤笔耕，潜心创作，只要努力，一定会有所收获。”

画展上与嘉宾及获奖者合影

2022 年 8 月 20 日，我又在文林美术馆举办了第七次个人油画展。并于 10 月 14 日举办了第三届文林美术馆施慧美术奖颁奖仪式，这次画展由云南油画学会副会长毛杰先生撰写了序言。这次画展的主题是：“自画众享”。

《自画众享》画展宣传图

我羡慕这条搅动池水的快乐“鲶鱼”(代前言)

几年前，我们云南油画学会在讨论新入会申请时遇到一位与众不同的申请人，一位非美术专业出身但已办过个人画展、出版过个人画册、年逾古稀、仍然在坐诊行医的老中医。看过他的一些作品后学会破例接受了他的入会申请，由此，我记住了这个名字——施慧，但见到施慧先生却又是后来的事。

转眼到了2019年，我收到施慧先生画展开幕的邀请，到现场才得知这已是他的第三次个展。自此也见到了施慧先生本人，一个瘦小精悍戴一副高度近视眼镜的还不算老的老头。展厅里数十幅油画，风景人物各异，我惊讶于画面色彩的张力和造型表现的有趣，与印象中的新手迥然不同。

接下来的三年间，施慧先生又数次举办个展，突如其来的疫情似乎都没有让他放慢脚步。今年开春，我在丽江时接到他的电话，告知今年的个展定在8月，嘱我写几句。我忍不住再次劝他不要太辛苦，慢慢来。他低语道：我有紧迫感，快八十了……我竟一时无语。一个人，非富非贵，一路走来全凭自学，先后成为云南姚氏医学流派传人、作家协会会员. 音乐家协会会员、油画学会会员等等，半生行医，出版多部医学专著。是的，他学艺几乎都是半路出道，看起来不像科班，但仅凭他近七十岁开始学习油画，十载光阴，七次个人画展，三本个人画册，试问，这一记录有几位专业画家可与之比肩？我们可以讨论他艺术上的不足，但无论如何不能无视他一步步的艰辛和成就。

回想我们对艺术痴迷的少年时光，热情几乎是唯一让我们不断前行的理由。随着时间的流逝，随着艺术渐渐成为一种专业，还有多少人抱有那种热情，谁还记得曾经的少年？如何成为一个优秀的艺术家？可能没有答案，但有几点注定是不可或缺的，你必须要有热情、你必须要真诚、你必须要自律。

在这里，这位老人旺盛的创作精力和勇气，可以说很少有人不为所动。虽然从绘画专业角度来说他还有很多欠缺，但我以为对这个年纪的人来说很多所谓的专业要求已经不那么重要了，因为我们更看重的是他用绘画这种手段展现他生命的一种活力，并把这种活力传达给我们，这一点我以为尤为重要。这也让我们这些从事艺术专业的人反躬自问，我们的初心是什么？我们的目标在哪里？

画家同道之间看画评论，若遇入眼之作往往就是一句“画得好”，看似简单却包含了很多内行看门道的玄妙。在施慧先生的画前我们更会由衷赞到“有趣”！在他的画中很多理论似乎行不通，常规的比例、结构、明暗、色彩关系不再是我们熟悉的范式，很多刻画往往出乎意料，正是这一点让我们感到有趣，有了一种新的视觉体验。抛开绘画的职业性，对大多数人来说，艺术更应该承载情感的寄托，心灵的慰藉，绘画不过是一种自我修行的方式。

心理学上的“鲶鱼效应”大意是说在沉闷的水中因一条鱼的搅动使得鱼群重新获得了活力。借此不一定恰当的比喻无非是想表达一种感慨，一种愿望，热情和活力真的与年龄无关。

愿施慧先生在古稀之年重返童趣，在艺术之路上可以无视他人的“正确”，可以随心所欲，可以“将错就错”，尊重自己的直觉，享受绘画的乐趣！

祝施慧先生第七次个人油画展成功！

毛　杰

云南油画学会副会长

2022 年 7 月

画展上与嘉宾及获奖者留影

此次画展上展出的《聚餐》

此次画展上展出的《钱王街的咖啡馆》

以上是我个人七次画展的一个小结，从这些画展的过程中我看到了我的构图和变化、色彩的改变，所以我想一个自学者还是有必要把自己的作品放在展厅里，大家来欣赏，大家来评论，只有这样，我们才可能更多地倾听大家的意见，随时调整自己的创作方向，更深入地找到色彩的关系。多参观其他画家的画，多学习同仁的经验，这些都是自学绘画要具备的特点。基于这10年的认识，在我绘画的空闲期间，我专访了包朝阳、蒋丽萍的工作室，又参观了亚丽、肖凡艺术工作室，同时又专访了毛杰油画工作室。通过访问学到了很多的东西，更新了自己的一些想法。

后来，我又在思考，我在这10年的绘画实践中总结了很多的想法，我应该把它总结出来。10年的绘画实践中我对色彩进行了深入的研究，其中对我影响最大的是伊顿的《色彩艺术》和吴锡安的《透过名画学色彩》这两本书，但是他们两人都是用了很多的世界名画来证明他们的理论。色彩在油画中是一个非常重要的组成部分，我现在用的色彩是伦勃兰的牌子，它有120个色系。在绘画的实践中，我逐步形成了自己的色彩理论，并用它们来指导我的绘画实践，这些色彩理论，都是我的一些特殊观点形成的。有些还借鉴了音乐艺术方面的一些概念和规则；我把这一部分体系命名为《色彩密码》，并用我创作的画来证明这些理论，有些可能是不成熟的，有些也可能是错误的，但是艺术是需要创新的，艺术不应该永远停留在某个历史的缝隙中。

在这本书里，我试图创造一种色彩体系，帮助那些关心色彩艺术的人，使他们迅速而安全地达到一个目的地，这本书要发展的是一种美学色彩的理论，它有一些是起源于我的油画实践与直觉。对于艺术家来说效果是决定性的，它只能为心灵所感受，在这里我用《色彩密码》中的一个章节：“色彩的模进研究”作为这个章节的结尾。

色块模进的研究

模进是音乐作品中的一种创作手段，主要是用在旋律模进与和声模进中。旋律模进是旋律陈述与发展的最简单的方法，和声模进是将两个或两个以上的和弦所构成的和声进行，在不同音级上所进行的重复。模进是旋律与和声发展的重要手段，在各种创作倾向中具有重要意义。这个章节我通过我的五幅油画作品来阐述油画作品的色块模进会给我们带来怎样的特征和效果。色块模进的研究是对引入和发展观察使用色彩技法的尝试，色块研究就如同“色彩音阶”的最有效的方法，这些研究就相当于音乐专业的学生们在音乐生涯中需要练习和熟练掌握的音阶一样。对于色彩画家来说，色块研究就如同“色彩音阶”，那么色块怎样模进？模进怎样发展？它怎样通过精确的色彩关系来表现自然的不同光效的能力。

现在让我们通过《海滨》这幅画来做一些研究。首先你要牢记，你看到的是形状、明度和色彩。要非常客观地观察水面的色彩，而不是你所想象的水面应有的样子。要想准确判断水面的色彩，就要留意观察水面周围的各种色彩，注意色值和色温上的差别。把水面的色彩与周围色彩做个对比就很容易做出判断了。周围的色彩更深、更亮、更冷吗？更偏褐还是更偏蓝呢？这非常有助于你有效而准确地判断水面的形状。这幅画的水面出现了一个形状，它是浅蓝色的，从右边的海岸一直反复出现在水面，一直沿着海面的斜线达到海岸的左上角，这就是色块的模进，而色块的模进通过利用反复出现的形状和同一色系的色彩，把色块不断地向前推进，从而确保水面与整个构图和谐一体。在这里，我们用重叠形状来创造距离感，海水的色彩很多是交叠的，看上去就更远一些，在空气清透的条件下用这种方法创造距离感尤为有效。

海滨

同时，这幅画还有两个地方的色彩模进，一个是两只黄色的船及其倒影，同时水面上还有红褐色的色块在向前移动，它也是色彩模进的一种方式。这里要指出的是，色块的模进研究应该呈现简单的主体，使我们很容易看出简单的平面变化以及光影之间的分界。将其他所有因素排除在外(制图、构图、文义等)，你就可以将注意力集中放在你所呈现的独特光线所带来的纯粹的视觉体验。当然，如果你有足够的洞察力，阳光下的一切事物都是美好的。正如这幅海滨的作品，通过简化和绘制大的形状，也会在杂乱无章中找出秩序。大而简单的形状从来都比小的细节更能表达出主体的本质。

在《农家乐》这幅画中，地面上的阴影形成的大片形状虽然不规则，但是色块有向前模进的趋势。它简单，但表达了主体的本质。通过添加一些蓝色色调，对没有完全处在阳光照射下的地面进行冷色处理，从而改变其原本表面呈现的橘黄色，且更加准确地表现出地面印象，分解了地面的大片区域，画出各种平面变化。再看这幅画中的屋子上方绿色树叶这片区域的色块研究——用于研究光线笼罩情况的一个完美对象。

农家乐

《农家乐》左边是屋子、光影投出的图案，以及环绕在周围的树木。这不是街区中最美的房子，但是它有好的造型。描绘这样的房子，我是要通过精准的色彩关系来捕捉光效，仅靠色度无法充分有效地模拟出自然的动态范围，我们需要加入色块的模进处理。再看这幅画的地面，富有表现力的轮廓使地面的阴影表现出地面的永固浅黄(283)的阳光。这块地面就成了连锁的图形的拼接，其实也就是一种色块的模进处理。同时用永固浅黄加白色的混色绘画了远处山脉被阳光照射的一面，图中镉黄画的阳光洒在路面上。同时，中间的那棵树似乎过于靠近中心，所以我将其与远处的山关联在一起。在右边添加使构图更有趣味性的色彩，强化对人群设置的趣味性，人群内部的更浅的色彩标注让眼睛扫过该区域并在此停住。描述性的轮廓会放慢观察的速度，而明亮的色彩标注会指引观察者。注意人群的规模。观察者会自然地从人群的位置移到左边的两个人，所以通过转换左边人群面对的方向来将观众的双眼引回到作品中来。这一阶段的大部分工作增添了地面平面光区的趣味性，暗示出色彩的变化，并重新设计地面上不同的光线和阴影形状的尺寸关系。用不同的角度、曲线和水平线来添加陆地的多样性和起伏。回顾作品的每个区域，在过于引人注意的地方通过调整坚固的边线或色度来做出微妙的改动。在中部左方阴影处大面积的添加暖色。几盆红色的花，在阴影处将要没入光区之前，用充满生气的冷的蓝色边线来加强光影之间的关系。对于远处的房屋边线，用渐淡画法使边线更加柔和。

最后，我们来看房屋顶上这片绿色的区域。你看这块绿色的区域，它利用了绿色、黄色、蓝色，经过了色块模进的处理，特别是蓝色天空的色块模进，巧妙地把整片绿色树叶连在一起。同时，又与地面上的阴影色块相呼应，形成了一种动感，一种色块的移动。用色块而不是线条作为工具，强调局部区域、“丢失”的边缘、形状等，还可以将主体和背景融合在一起。通过色块平面和形体之间的明度对比关系去定义物体。画面中的物体，如果色块在向前、向左、向右移动中，与实际的样子可能很相似，但如果相似性稍差也无不可。与画作最终的整体效果相比，相似程度没有那么重要。观众会把画面看作一个完整的、相对明晰的艺术作品，引起观众情感共鸣的是其手法而不是其相似性。色块模进的目标是表达情感，就我而言，是要表达某时某地的感受和心情。为了实现这一目标，色块模进只会表示出细节，而不会专注于细节。还要强调出大而简单的形状以及形状之间的关系。色彩、明度以及二者构成的模式等因素起到配角的作用，在完善画作的过程中逐步添加越来越小的形状。这些较小的形状在观众的脑海里产生细节印象，但主体绝不是用线条画出来的。

象岛风情

我们来看一下《象岛风情》这幅画。这幅画，我是用色块模进并捕捉海边的场景光效来创作了这幅作品。我通过绘画学习色彩，经常对所见物体进行调整，只强调每处风景的抽象品质。对作品进行精心的构思，强化自己的独特视角，就产生了这幅画。岸边的蓝色色块，它向左边、向右边移动，在移动的过程中还有一些红褐色的阴影。有了一个很明显的动感，而绿色的海水中，也有一些绿色的波浪向前移动，这就是色块的模进。它们模进的方向不同，使得画面丰富而精美。这些色块的形状基本正确，但不必过分担心其精准性。用色块模进的画法完成的最终作品，没有线条画法那么精准，但如果想更精致，也是可以做到的。就我的品位而言，我画到这个程度就足够了。作品捕获了当时绘画主体的感觉，大多数富于表现力的手法都很明显，但没有分散观众的视线。同时，在绘画的主体中，我找出基本的形状和图案来创作合适的形式和结构。我们来看这幅画的山，右边黄褐色的山与左边紫蓝色的山连在一起。巧妙的是黄色的光线从右边的山崖一直模进到左边蓝紫色的山脉，形成了一个色彩的模进跟踪。一抹淡黄色用在水中的一只小船上，这样可以把不同区域连接在一起，增加色彩的和谐度。在天空处涂上与地面一样的蓝色。找出将该风景内的所有色彩联系起来的方法，使每个物体看起来都像是跟另一个物体在对话。

将浅绿色设为大海的主导色，将更纯的锌白留作添加亮点。色彩比例非常重要，太多的亮色容易相互冲突，就如同争着在说“看我”一样。将云彩的光区和阴影区分开，云彩的轮廓应该有柔和的轮廓线，因为它们是与“蓝色”的天空相连的，但是不要因为过度塑造而让它们失去原有的形状。在山顶与天空的分界线周围，有些白色和淡黄色的云彩，我用横向和纵向的笔触轻触边线，思考多样性——坚硬与柔和的边线。

《象岛系列》这幅画，我保持了色彩的整洁和丰富，然而，有时候太过干净和明亮会让色彩失去原本的效果。我们需要平衡折中，并强化最初设想中的丰富多彩的区域。好的作品兼有统一性和多样性，和谐与对比。最后我想说：在作品中，通过控制色度来营造强烈的光效，而与此同时使用形状和相互呼应的色彩模进的抽象概念来表现对现实的虚幻，这也是艺术创造中的一种手段。

色彩造型的模进画法以及绘画的意境，讲的都是利用线条边缘、色块来表达艺术家内心世界的方法。绘画是要达到写意的效果，这一点与文学作品非常类似。

这里，我们来看一幅写生作品《捞鱼河的中午》。2021年春节之际，因毛杰先生的提议，我又一次踏上了写生之路，因为我心中深藏着无尽的色彩，奔腾着色彩组成的浪花旋律，年轻时写过一些醉心山水的散文，出版过《施慧文集·散文卷》，现在我将用心灵去触摸大自然的柔美，画出蕴藏在心中的另一个艺术世界，转而抒心底的幽情，这次写生全凭自己的心性，有一支画笔，也就够了。这段时间里，我沿着滇池的风景写生，画了《捞鱼河的中午》《斗南湿地公园》《未来城的风景》等等。这些画，淳朴清新，色彩对比强烈，既有粗重的素描，淡淡的叙述。如《阳宗海》，有大烟囱缥缈的轻烟，又有精细的工笔，浓浓的抒情。如《捞鱼河的中午》里的众多人物的刻画，其中还有我画画后坐在折叠椅上休息的情景，3月9日，云南油画学会副会长包朝阳、毛杰、文林美术馆营运总监包理斯、万雪明先生，以及去年文林美术馆施慧美术奖获得者朱岚茎、杨学丽等一行数人到工作室参观这些写生作品，大家喝茶对话，认为我的油画作品虽然有很多需要提升的空间，但是很有情调，情调是一种心灵感悟和艺术趣味的双向沟通，宛如尘世的舒展和愉悦，就像一壶茶，它需要时间慢慢地泡，慢慢地品。

捞鱼河的中午

其间，杨学丽说："施老师，你是在用情感触摸捞鱼河的跳动，你把你自己都画得那般令人神往!"我对小杨说："画这幅画时，我想到了修拉的《大碗岛的星期天下午》，他在画画时，研究了同时对比法则，而我前段时间研究伊顿的同时也研究了对比法则。你看，《捞鱼河的中午》里的几种红色与绿色的同时对比，几种橙色与蓝色的同时对比。而且风景画中人物的出现，会给作品增加生气，修拉画了37个人物在画中，我画了29个人物在画中。另外如《斗南湿地公园》，远处黄色的山林花草，河边的捞鱼人，还有人乘兴寻去，看着画，你仿佛还会听到虫鸣水声。"临别时，朱岚茎紧紧地握住我的手说："同在一个城市，很少见面，但我们仍然时时关注你的画作，这不仅仅为了一睹为快，而是每当在你的微博上看到你的新作时，便知道你仍然健康，仍然睿智，仍然画作不辍，仍然行走在写生的路上。”

我们再次回到《捞鱼河的中午》这幅画上，理解色彩模进画法的最好途径便是捕捉光线对你的绘画对象产生的效果，对其进行思考。相对于绘画眼前之物，我更关心的是表现出光线落在这些物体上产生的效果，以及这些色彩、形态、移动方向与形式。这幅画的岸边，土地是棕褐色的，阴影部是紫褐色的。阳光照射到地面上，淡黄色的色块从右到左模进。这一串黄的色块把整个岸边的地都串联起来，形成了一个整体，而岸边棕红色的树林与绿色的海水形成了对比，十分漂亮。远处的紫蓝色的山与橘黄色的树叶形成了互衬，而阳光照射到黄色的树叶，也从右向左形成了一个色块的模进，与地上黄色的光色块的模进形成了一种呼应，构成了一幅壮丽的景色。这幅画中，还有很多细小的研究，你看二十九个人物，他们姿态各异，色彩多样，我们还看到两个一大一小的狗在远方以及光线的变化。我用新鲜的笔法捕捉到了真实的色彩和现实的姿态，我认为这是一次有意义的写生。

要想将情绪和感受通过画面表现出来，关键在于学会以画家的眼光看世界。创作绘画作品时，我们想的不仅仅是要把主体表现出来，我们还要努力做到让看到作品的人在情感上产生共鸣，让他们也像我一样感受到阳光、微风和色彩，所以，我就运用了油画的色彩模进画法，创作了《阳光穿过昆明城》。颜料管的问世使得画家能够第一次进行实地创作，随着工艺的进步，颜料逐渐被改进，这有助于我们更加准确地捕捉光效。现如今，可供使用的种类齐全的颜料使我们能够表现出多种多样的自然光效，所以不要刻意回避在作品中使用全部色彩。

阳光穿过昆明城

《阳光穿过昆明城》我使用的是

伦勃朗的油画颜料，它颜料的丰富性让我们领略了昆明早上的景观。我生活在美丽的昆明，如何表现昆明这个人文历史丰富的地方我思考了很久，我在散文《秋虫》中云："盛夏初秋，满天繁星，我和弟弟躺在城墙上，茅草随风摇曳，尚可隐约辨认。茅草底下闪现一点点忽明忽暗的白光，在向旷地移动，那是萤火虫。它们好像在乱窜，又好像在互相追逐，追着追着，被追赶的一点白光，忽然隐没了。整个城墙上，一明一暗，点点光亮，与天上的星星同样繁多。我和弟弟悄悄把萤火虫拿回家，带着它进入梦境。外婆是禁止我们玩的，她认为萤火虫会钻进耳朵，把脑吃掉。"

那是70年前的昆明风景，现在是2021年，昆明变化很大。去年我研究莫奈的画，看到了他的这幅《阳光穿过国会大厦》。莫奈和毕沙罗一起被认为是印象主义画派的开拓者，而在所有的印象主义的画家中，莫奈无疑是最令人信服和一以贯之的实践家。从艺术生涯的最早期起，他就激励自己对所见或视觉、知觉坚信不疑。从这幅紫蓝色的名画中我们看到了莫奈对光和影的刻意追求。莫奈作画很快，笔触很粗。用色彩的间杂、快而密的笔触，描绘光线的变化、水流、雾气、池塘这些流动的东西，截取那一瞬间最真实的东西。莫奈和印象派的画不是乱涂抹，他们不喜欢新古典派既定的构图捏造的美丽，也不喜欢学院派那种高雅的主题。莫奈欣赏柯罗，欣赏康斯特布尔，欣赏透纳，欣赏那些非主流但真实的画家，他们想描绘"眼睛看到的东西"，想描绘最平凡的主题。我想阳光可以穿过国会大厦，阳光为什么不可以穿过昆明城呢？我的这幅画描绘的是昆明环城南路那片区域，早晨金色的太阳穿过高楼、穿过马路，蓝绿色的出租车匆匆行驶在马路上，路边的公交车站上有人在等车，车站旁的路灯还开着，浅黄色的灯光洒在站台上，还有一位老者抓紧时间在看手机。一个和谐而又温馨的早晨。站台上浅黄色的地面与远处紫蓝色的建筑物形成互补色。马路上的各类色块真实地表现了环城南路的地面，绿蓝色的汽车匆匆向前驶去，表现出昆明繁忙的清晨。这幅画色彩丰富而又协调，云南油画学会副会长毛杰先生到我的工作室参观时特别喜欢这幅画。在我的眼中，昆明的景色与光线是美丽迷人的，我试图用色彩光线和质感给予大家一种完整的呼之欲出的浓烈体验，这就是昆明，这就是我的故乡。

这幅画利用颜料夸大光的温暖和影的阴冷，因为我要表现的是阳光的温暖，所以需要使有光的平面看暖，而阴影的部分看起来阴冷。甚至是在色度相近时，也要利用色温的变化来暗示出光与影的关系。

阴影并不意味着无色和黑暗。由于反射的光线，我们可以看到阴影的内部。根据我的想法，在画布周围的阴影区域添加一些小的亮色，这有助于提高风景的趣味性，例如车站远处人群脚下的亮点。不要在色彩的使用上缩手缩脚，记住任何东西都可以被修改和征服。强烈的暖色会随着与其他细节的相关，慢慢退入远景。如远处紫蓝色的建筑物，有挑战远处事物色调应更冷的规则。

这幅画我们来看两个区域，第一个区域是黄色的车站地上区域，它使用了黄色系列的色彩模进处理。从老者的脚下不断变化黄色的混色向前模进，直到远处的人群脚下，这个模进使我们看到了距离，也看到了光线的变化。第二个区域是马路上的红色区域。这条马路，我们看到地上的红色色块向远处不断模进。这些红色的色块不断向前推进，形状在变，色相也在变，表现了早晨城市的繁忙景象，同时巧妙地与绿色的出租车形成了对比。在绘画实践中，有一种特别的绘画形状的方式及使用抽象的有节奏的网格系统，以一种系统的方式操作构图中的色块，以便使其向前模进，使色块在模进中不断地重复。从后往前看，从左往右看，整个作品看起来应该是平衡的。是不是有一些区域过于引人注目，而有些关系又不太合适呢？不对称的分配色彩、形状、空间色度和高光，要保持其相互平衡。从下往上画，检查形状的重复以及引人注意的区域。这幅画我注意到两个区域：车站的黄色路与马路的红色区域，通过对比和单色的使用来引导观众的视线在作品上移动。没有必要用一处焦点来征服观众，而是要让观众的视线留在我们的作品上，就如同打造一条引导观众视线的环绕焦点区通道，使观众的目光在此循环往复，这就是色块模进运用的真谛。

最后，让我们再次回到音乐中的和声模进过程中。模进依据和声进行的原型称为模进动机，相当于我们所画的色块的形状，在我们的作品中可以重复使用，可以上下移动、左右移动，就像《阳光穿过昆明城》地面的黄色区域和红色区域中的色块。色块的模进既可以保持色彩的呼应，色彩的统一，又能使绘画思维得以展开，造成绘画所需要的起伏，因而可以认为也是油画作品常用的手法之一。

最后我想说，自学油画可不是一件简单的事，它涉及天赋、文学艺术修养、勤奋、性格特征、经费的投入等等。当然，这些都是我们可以努力做到的，祝每一位艺术家都可以如愿以偿！

自画像

妻　子

第六章　淡雅飘逸的行草书

回望晋书的风流明媚、唐书的庙堂气色、宋书的倜傥诙谐，似乎一曲尚未终弦，岁月已铮而变。随着时日的推移，我发现面对古典翰墨，我有一种心灵上的牵挂，这是一份超越时空并一厢情愿的契约。

由此我想到古人挥毫前酝酿的那种氛围，譬如在木桶里沉沉地泡着，慢条斯理地洗涤身上的尘垢，一身清爽地换上宽松的衣服，舒展一下全身的筋骨。接着走入书房，燃一炷香，让香气弥漫空间，悠然地捏住一锭墨在砚台里磨砺，然后从容下笔。我想王羲之书写《上虞帖》的那种婉转流畅，幽雅清新，书体好似婵娟美女，柔情万种的感觉，大概就是在这种氛围中完成的吧。当然，《远宦帖》的超逸俊爽，婉约中透出刚健之美，则又与王羲之书写的节奏有关，这时他一定是用笔顿挫、跳宕。

谈到书写的节奏，我们又可以比较二王在用笔上的殊致异趣：王羲之的用笔以藏锋为多，节奏也较舒缓，因而其作品得气味内含、风流蕴藉之美；王献之用笔以露锋为多，节奏也较峭急，因而其作品得精神发露、华彩辉耀之美。这是作为一代大家的二王在笔趣上的艺术分野，王氏父子这种内敛和外拓、内含和外露的不同用笔风格，可谓影响深远，泽被后世。

当然，现今流行的执笔法，不是每个书家都是这样写的。如苏东坡持笔大抵与今人写钢笔类似，所以人或讥其钩笔（如戈的那一钩）常钩不起来，但抨击者谁又真比得上坡翁呢？东坡的“把笔无定法”实为通方之言，东坡之前，韩方明撰《授笔要说》已提到五种方法：“执管、拗管、撮管、握管、搦管。”现今流行的执笔法，乃清朝中叶包世臣从诗人黄仲则儿子黄小仲那里学来的。另据启功说，溥心畬先生写字时无名指常卷向掌心，不合于“指实掌虚”之说，但溥先生的字灵和秀润，谁又说他不好呢？台湾书道耆宿曹秋圃则为四指拈管，平肘推圆，若抱太极圈，此亦何绍基之法，故何氏号猿叟，象义于猿臂之舒张也。世传康有为之法又不如此，腕上据说可以放一碗水。而刘墉乃是转指的，有时转得太厉害，笔还会滚到地上去。东坡论书云“把笔无定法”，接下来又说“要使虚而宽”，这是他的原则。古人曾艳称王献之写字时，提笔极牢，羲之从背后都抽不动他的笔管。东坡则不以为然，但也有与东坡唱反调者，如王澍《论书剩语》谓“执笔欲死”，“五指相次，如螺之旋，紧捻密持，不通一缝，则五指死而臂欲活，管欲碎而笔乃劲矣”。所以执笔就像人拿筷子一样，姿势纵或怪些，若能搛得着菜吃，旁人又何用呵议？

有时把玩六朝人的清雅笔墨，再想想他们拂尘清谈弦歌对酒，一千多年前的人物风情宛在眼前。在历史的秤盘上，一位书法家能占多大的分量？然而千年之后，我们还是要通过这些墨迹，窥视他们的内心世界，揣测他们当时挥毫时的心情和感悟。

东晋永和九年(公元 353 年)的三月初三，时任会稽内使、右将军的王羲之邀请谢安、孙绰、李允、许询等 41 位名流、隐士群集于会稽山阴的兰亭溪头，在“崇山峻岭，茂林修竹”间列座宴饮。活动结束，包括王羲之在内的 42 人中，有 26 人共赋诗 41 首，另外 16 人交了白卷，以酡红代替脸——每人吃了三大杯罚酒。正在众人沉醉于酒香诗美的回味之中，有人提议不如将当日所作 41 首诗汇集成册，以资纪念。王羲之酒意正浓，在众人的呼声中因这个建议兴奋起来，他晃晃悠悠地站起身，走到案前，在蚕纸上畅意挥毫，作序一篇，这就是名噪天下的《兰亭序》，这篇千古传诵的散文名篇，是在王羲之酣畅淋漓的心境中书写出来的。

又如《黄州寒食诗》，是苏轼遭贬之后的愤懑之作，其一种压抑呼喊、侧笔纵横及章法上的错落反侧、跳宕突变，的确包含了极为浓烈而又沉郁的悲剧色彩，公推是诸作中的佼佼者。“也似哭途穷，死灰吹不起”，是一种低沉的抗争，而在书中则以纵横折冲的视觉形态与读者获得感情上的沟通。这些古代的墨迹，他们的神秘感，一部分是当时的心境决定的，另一部分是时间赠予的，时日越久越有诱惑力，我们试图品味出这种神秘感，去接近那些桀骜不驯的灵魂。

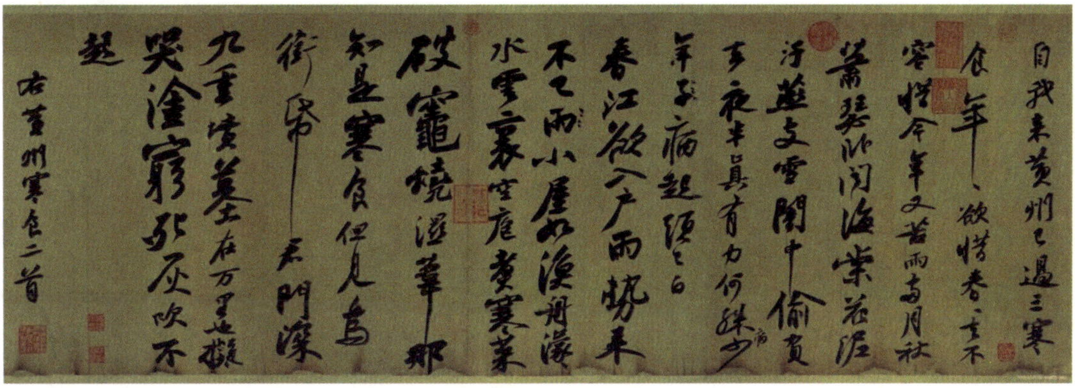

苏轼《黄州寒食诗》

而现今有些书画家，下笔前不及彻底打扫一下情绪空间，就沉积在遗墨里，透出不谐气味，如市井气、江湖气、工匠气，百年后，并不会主动消遁，除非，连同这幅作品一起消亡。年轻的李贺说自己：“我生二十不得志，一心愁谢如枯兰。”才二十岁的人，心旌已经褴褛，显出老人的沧桑，可是没有世故，没有世俗，只有奇诡、幽怨或者瑰丽、凄恻。我们评说李贺理由万千，如果将肉体和灵魂分开，他无疑是轻前者而重后者。

由此我说，从事书法艺术是需要心情与环境的，更需要诗的灵性。我常常会不由自主地迷恋古风，遥追古人。书案上总是缭乱的，书卷相压，书签从书背中露出头角，杂志的空白处写着批文，一切都在未完成状态。时日久了卷得波澜起伏，难以平合，这是书写时的一种必要的氛围。整架的精装书，簇新中显示着富贵的色泽，我坐在旁边书写行草，让我联想起曾经如风的步履掀动树叶，曾经激越的小号响彻层云，在书写的字里行间，我如归巢之雀，心像扇面展开，可以梳理，梳理心里的翰墨神韵，领略书法的飘逸空灵。

当然书法也有时代的烙印。六朝人韵味十足的书法，大多是当年往来的手札，文房四宝家家有，他们似乎就是为翰墨而生的。他们会有一些古怪的脾气，有时聚在一起，或悟言一室之内，或放浪形骸之外；而各自为政时，又往往做些今人看似诙谐的事。但他们都特别爱写信，即使鸡毛蒜皮的事也要研墨敷纸，乘兴一挥。如王羲之的《快雪时晴帖》所写："羲之顿首。快雪时晴，佳。想安善，未果为结，力不次。王羲之顿首。山阴张侯。"再如王献之的《中秋帖》："中秋不复不得相还为即甚省如何然胜人何庆等大军。"现在看这些信的内容着实无太多意思，其实王询写《伯远帖》时，也不过是给人写一封信而已，但是那种略带稚气，有极其自由的、舒卷自如的格调，给人一种淡雅安逸的姿态。在我看来，六朝人手札多如欧阳修所言，是"致睽离，通讯问"，史料价值无多。不过六朝人偏爱写信却为后人留下一笔宝贵的书法珍品，这是他们怎么也想不到的。

另外书法的节奏，也有了时代的差别。古人拥有太多的时光，常有"人生苦短"的叹息，我有不少时间在翻书中发现了古人在挥霍着时光，羡慕他们，似乎都在雅玩，享受着漫长过程的恩惠，从变淡的墨迹里传出，一方面是文人骚客对于世间美好情调的流连，一方面又是生存变得动荡不安。古人时间观念这样模糊，甚至连时日从手边溜过而不自知，书房里走出来，已是晚霞满天。2003 年 11 月到小七十郎山庄参加一个笔会，一位老先生一个小时居然有二十余件书法作品脱手而出。我猜想这段时间，让古人洗洗澡，研研墨，焚香默坐，至多就写两幅吧！这些似乎是多余的动作，作用绝不亚于翰墨好手腕下的技巧，精神澡雪，这是比什么都怡悦的事。

又譬如传统的字画装裱吧，早先得几十道工序，上墙十天半月，现在只要几道，若交与机器，则立等可取。已经慢不下来的人，听着唐人虞世南"收视反听，绝虑凝神，心正气和，则契于妙"，简直和梦一样。再说偏好释道的明代文人王世贞吧，他总爱与朋友雅聚，论说义理。来者只需打听弇山园何在，进弇山园到壶公楼便是。登上楼来，"涟漪泱莽，与天上下，朱拱鳞比，文窗倚楼，极目无际"。他们不像今人在密集的楼群中瞎转，寻找第几区第几幢第几层第几室。所以生活的节奏也影响到了书法的节奏，数字的环境让人智性发达，其中就包含着摒弃诗性生活的走向。

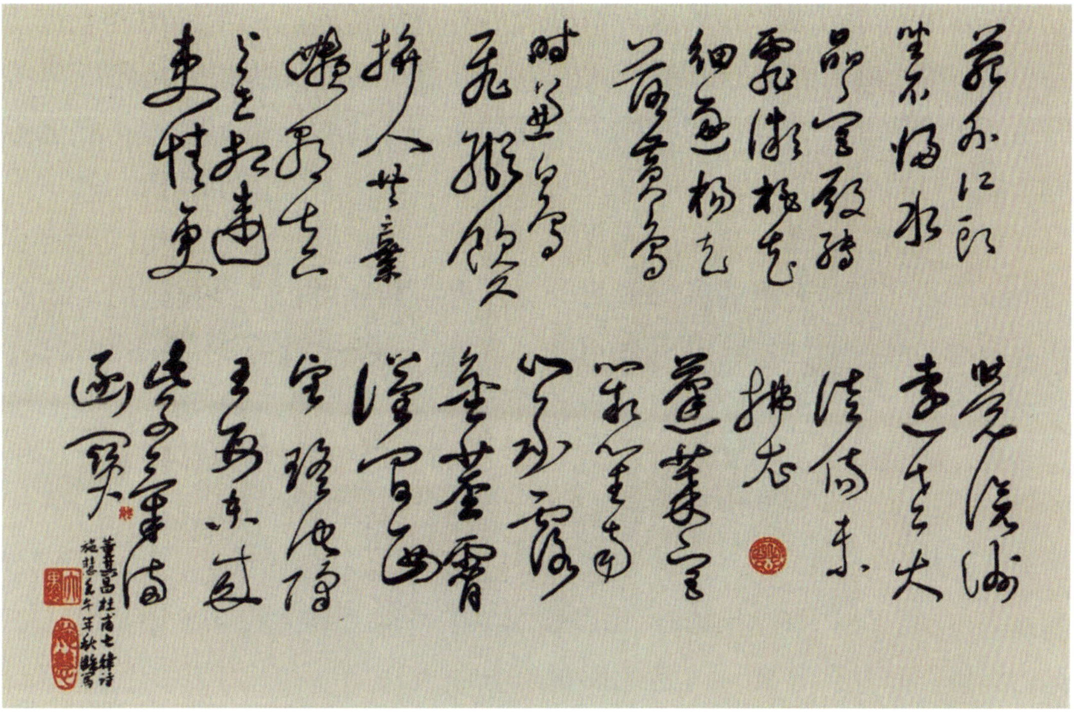

临（明）董其昌《杜甫七律诗》（卷首部分）

释文：苑外江头坐不归，水精宫殿转霏微。
桃花细逐杨花落，黄鸟时兼白鸟飞。
纵饮久判人共弃，懒朝真与世相违。
吏情更觉沧州远，老大徒伤未拂衣。
蓬莱宫阙对南山，承露金茎霄汉间。
西望瑶池降王母，东来紫气满函关。

现在，美妙的古典简札是越来越远去了。透过电脑打出来的方块字，我虽然看懂了文字的内容，却无法透过文字内容去捕捉里面的心境。如果不是太忙的话，我会研一盘墨，临写董其昌的《杜甫七律诗》：“苑外江头坐不归，水晶宫殿转霏微，桃花细逐杨花落，黄鸟时兼白鸟飞……”在墨香散发的空气里，我连续写了一个晚上，慢慢玩味董其昌圆劲苍秀、秀丽生动的书风，那小行草首尾相衔如璎珞联结，点缀得四尺彩宣生机盎然。在这种畅快的字势里把自己的情绪融入其中……

30年前，我几乎天天置身于书房的深处，翻动那些古典拓片，我经常会看到蠹虫们大惊失色地躲藏，沿着它们打通的道路隐入岁月深处。时日更长的，打开时纸粉簌簌地落下来，当时承载了多少文人情怀，包括他们的意气风发和才华横溢，现在成了古典的粉末。面对此情此景，我心里感到怅然。这些书家的后人，是否任笔墨荒疏、砚池寂寞、书香散尽，零落里只留下族谱、家谱。同样是一张洁白的宣纸，承载上谁的笔墨，价值上的审美就不一样。平庸的墨迹只是历史长河中的一瓢水，而古典的笔墨则伴着长河向前，永远发出鲜活的呼啸。无论是帝王贵胄，还是山野草民，都逃避不了这一场检验。赵佶政治上可算昏庸之尤，但他那轻落重收、筋骨转折、犀利的瘦金书又确实不同凡响。有时候免不了惋惜那些无名氏作者，他们生前有如此美妙翰墨，史料却了无记载，以至于我们在茫茫时空里无从呼唤他们的名姓。我临写天津人民美术出版社编辑的《中国历代草书真迹》，临到最后一首七律诗，作者佚名。于夜深人静之时，我期待着从飘逸的字里行间找到答案，可是他们被历史的风沙掩埋得过于深沉，再用心追索也是枉然。名字是找不到了，诗还在："晦负晦负月不损，朝到澄江江更清，有限炎凉宜静看，无闲日月且浮生……"

为了心灵，古人那些静坐的、洗澡的、索默的，甚至百无聊赖的时光支出，恰恰长久地支撑着他们生存的意义。现在我们赞叹古人笔墨如此高超，都自以为是地从技术的层面解说。只有有心人才会追溯深处的缘由。让我们的居所，我们的心灵深处，永远留下一个宽敞透亮的空间，让飘逸着灵性和激情的古典翰墨，安然回归。

从东汉蔡邕开始，古代书法家总是要在氛围已形成时才拈起那杆手感稔熟的狼毫，从容下笔。从准备到落墨，它们之间相隔着一段漫长的等待，犹如音乐悠长的过门。

少年时那种匆匆行笔的日子已经远去。我铺开宣纸，用铅笔在上面圈画，往砚台倒进一得阁墨汁，兑了些水，然后用那锭金色的墨块悠然研动起来……我在临习张旭《草书古体四帖》，帖中的"仙隐不别可"，望其体势，连绵飘忽，飞动不居，几乎不可辨识。仔细察看，连中有断，顿挫分明，或歇或连，字字完形于流动之中，这是一种无可言状的气韵美。在临习古代书法大家的作品时，我一直努力复活他们把笔之前的那种静谧无尘，似有幽幽箫声飘来，丝丝缕缕地浸润着灵魂的蕴蓄过程。这个时候，对于正要进行的笔墨华章，实际上在心灵里已经抵达了。

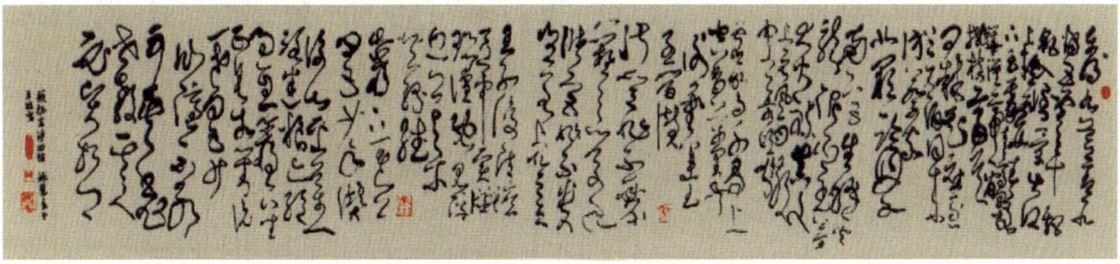

临（吴）张旭《古诗四帖》

这种气韵美，创造之前充分蓄气、蓄势，创作之中注意造势、运势、趁势，这是运动之美，力量之美。历代书法名家都能各取其势而各得其韵，如王羲之的神韵超脱，王献之的纵逸萧散，颜真卿的苍郁豪迈，杨凝式的超迈脱俗，米芾的奔放诡异，黄庭坚的韵度飘逸，董其昌的疏秀虚淡。而明末清初的王铎，往往连绵不断的一笔数字或十余字，如其草书轴，第二行一笔竟连书十二字，且纵笔取势而势若不尽，为书史上所罕见，表现了雄勇劲健，意逸乎笔的气韵美。

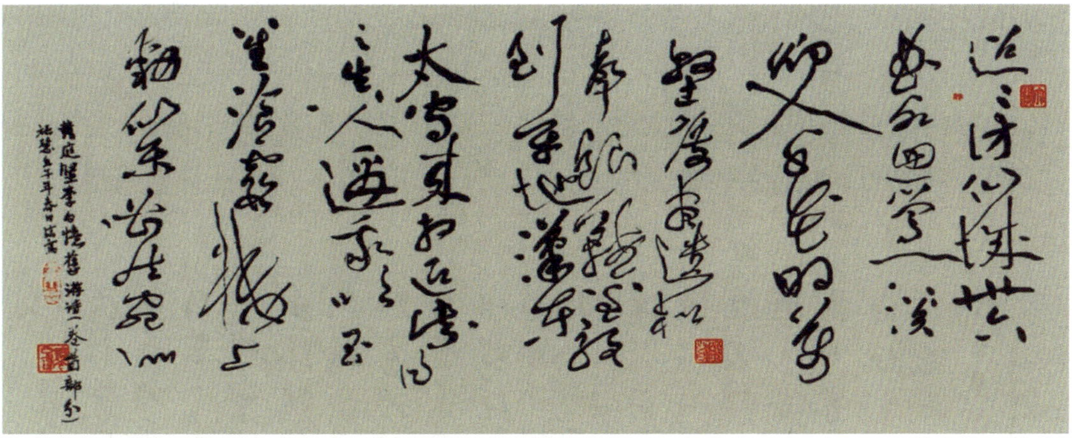

临（宋）黄庭坚《李白忆旧游诗》

释文：相随迢迢访仙城，三十六曲水回萦。一溪初入千花明，万壑度尽松风声。银鞍金络倒平地，汉东太守来相迎。紫阳之真人，邀我吹玉笙。餐霞楼上动仙乐，嘈然宛似鸾凤鸣。

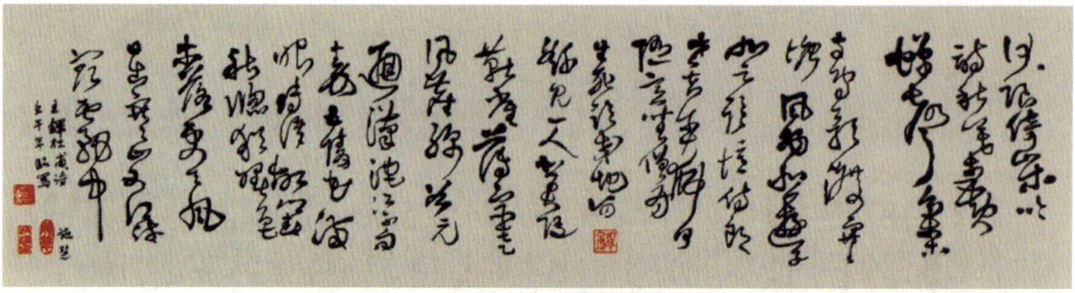

临（清）王铎《杜甫诗》（卷首部分）

书法的墨色也是有层次，有色阶的，它们在浓、淡、枯、润之间也存在着一级级微妙差别所构成的墨韵空间序列。例如，清代的黄慎，他好用淡墨渴笔作草书，酒浇逸兴，墨具雅致，他的淡墨挥毫，不仅丰富了书艺的墨趣表现，也反映了书法家独特的笔墨主体个性。

一些时光过去，一些人故去，要论说境界，只有倚仗墨色遗韵。经历时光的笔墨一律发暗，只是神采依然，当我们欣赏的目光透过点和线进入书法作品的内部，我们似乎看到了那些真正的书法大家，在笔墨移动中，把肉身剥茧抽丝般地消耗成了一个架子，灵魂却异常饱满，在这些墨色遗韵中，有一种令人心碎的结构——凄美或者冷艳，唯独没有世俗的蒙翳。

由此我说，墨色气韵是维系书画章法整体的生命线，也是书法重要的美学特征，书法的灵性让人智性发达，其中就包含着不能摒弃诗性的艺术走向。

我在学习书法时，最喜欢的是近代的草书大家林散之，经过长期的书写，我也形成了自己的一些个性，形成了自己的行草书的特征，现摘录几幅作品，供品玩。

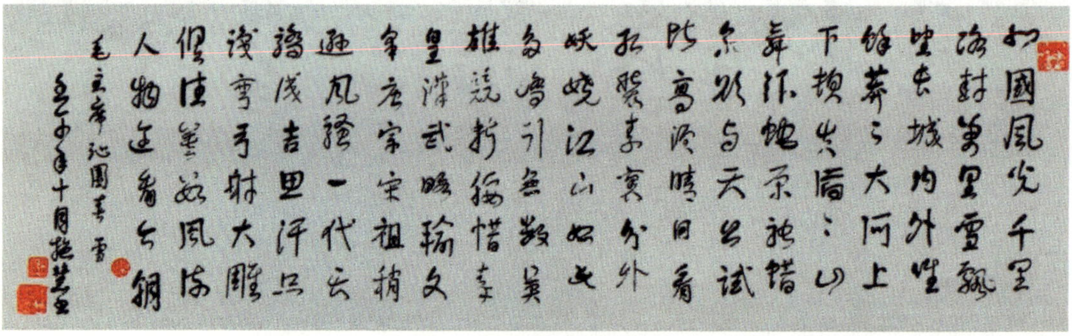

临毛泽东《沁园春·雪》

释文：北国风光，千里冰封，万里雪飘。
望长城内外，惟余莽莽；大河上下，顿失滔滔。
山舞银蛇，原驰蜡象，欲与天公试比高。
须晴日，看红装素裹，分外妖娆。
江山如此多娇，引无数英雄竞折腰。
惜秦皇汉武，略输文采；唐宗宋祖，稍逊风骚。
一代天骄，成吉思汗，只识弯弓射大雕。
俱往矣，数风流人物，还看今朝。

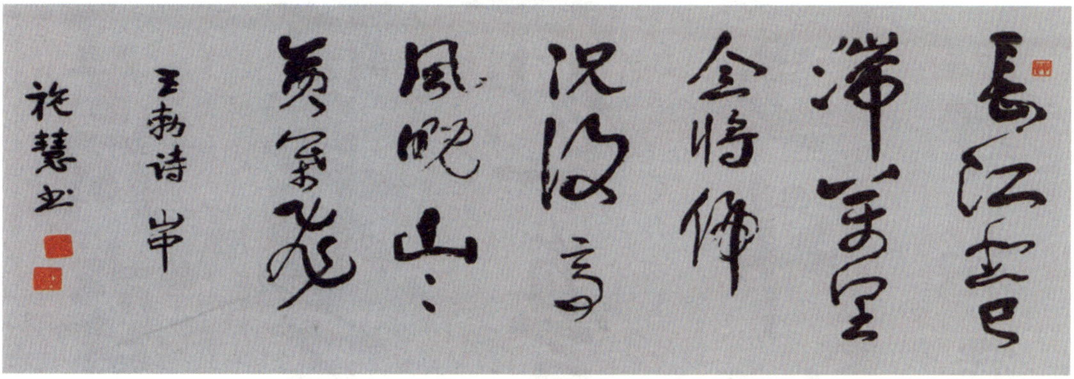

临（唐）王勃《山中》

释文：长江悲已滞，万里念将归。况属高风晚，山山黄叶飞。

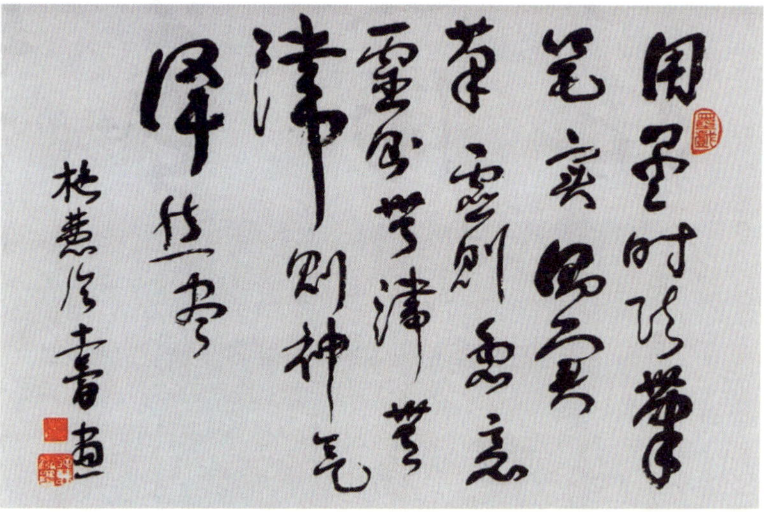

论书画

释文：用墨时须笔，笔实则实，笔虚则虚，意灵则无滞，无滞则神气泽然尽。

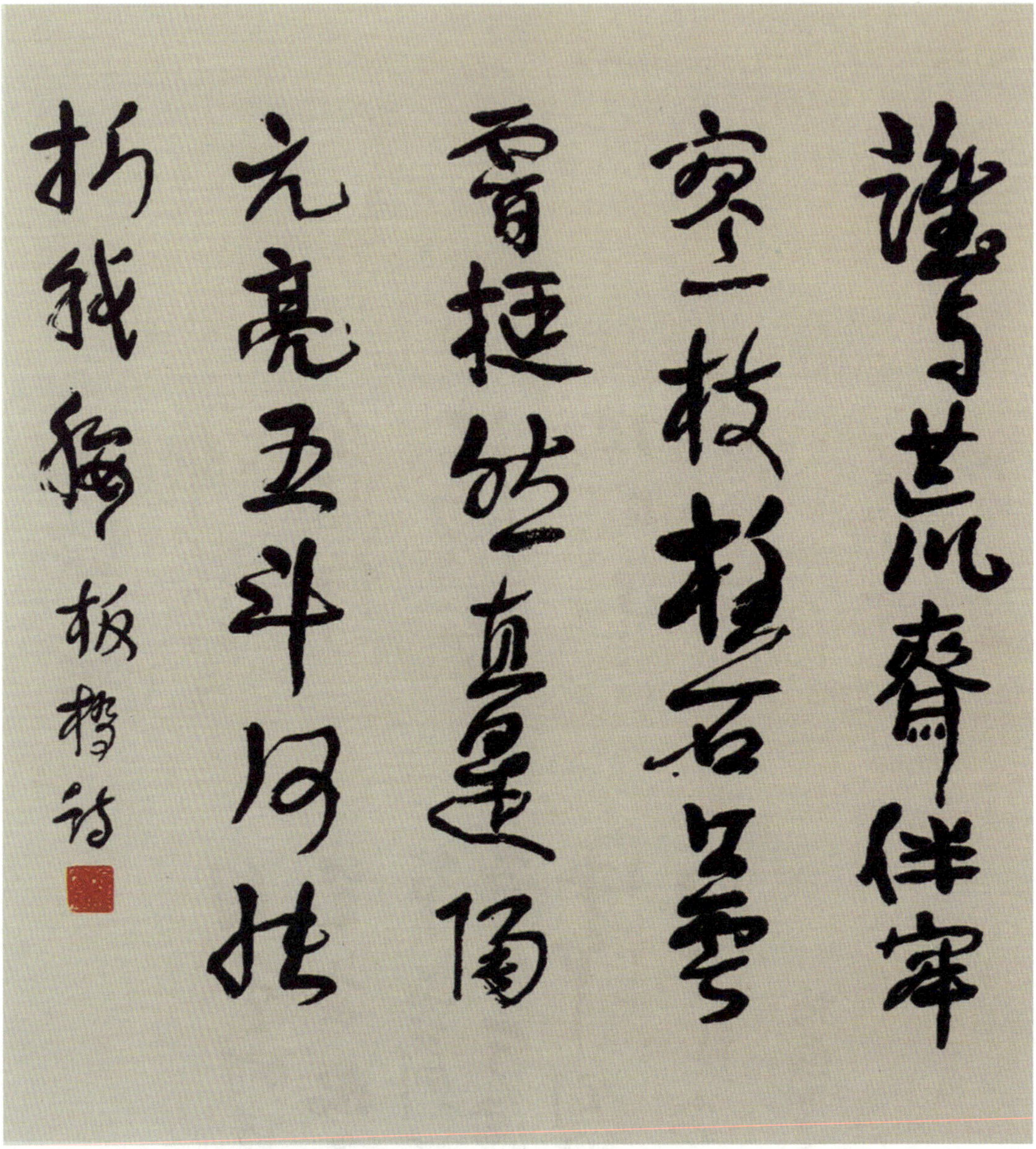

临(清)郑板桥《柱石图》

释文：谁与荒斋伴寂寥，一枝柱石上云霄。
挺然直是陶元亮，五斗何能折我腰。

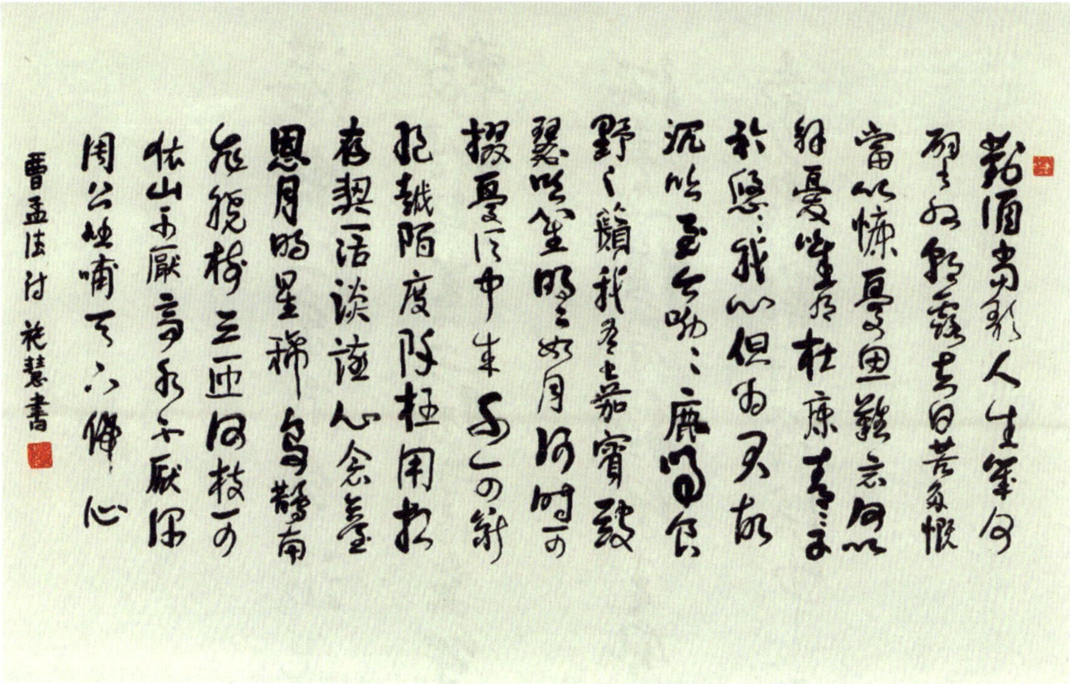

临(汉)曹孟德《短歌行》

释文：对酒当歌，人生几何！譬如朝露，去日苦多。
慨当以慷，忧思难忘。何以解忧？唯有杜康。
青青子衿，悠悠我心。但为君故，沉吟至今。
呦呦鹿鸣，食野之苹。我有嘉宾，鼓瑟吹笙。
明明如月，何时可掇？忧从中来，不可断绝。
越陌度阡，枉用相存。契阔谈宴，心念旧恩。
月明星稀，乌鹊南飞。绕树三匝，何枝可依？
山不厌高，海不厌深。周公吐哺，天下归心。

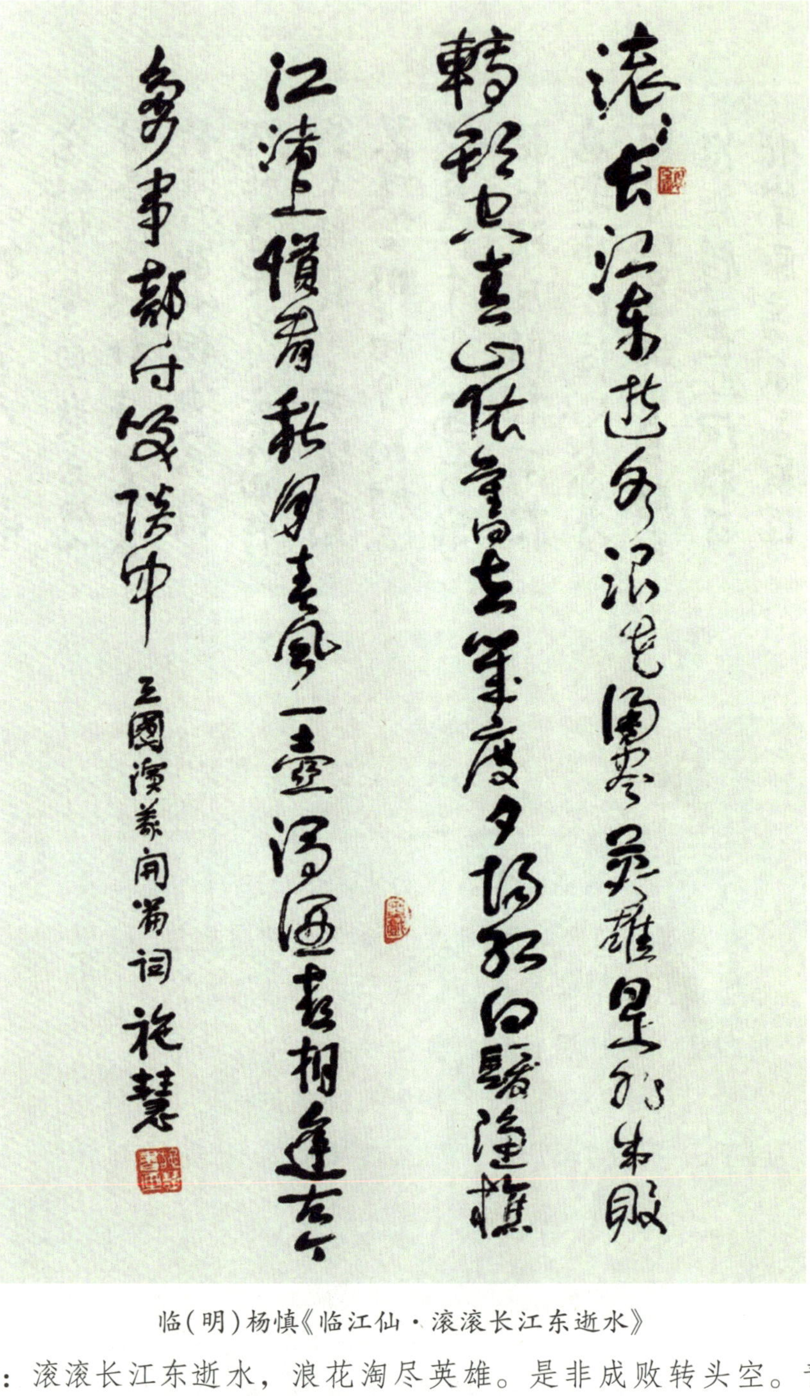

临(明)杨慎《临江仙·滚滚长江东逝水》

释文：滚滚长江东逝水，浪花淘尽英雄。是非成败转头空。青山依旧在，几度夕阳红。白发渔樵江渚上，惯看秋月春风。一壶浊酒喜相逢。古今多少事，都付笑谈中。

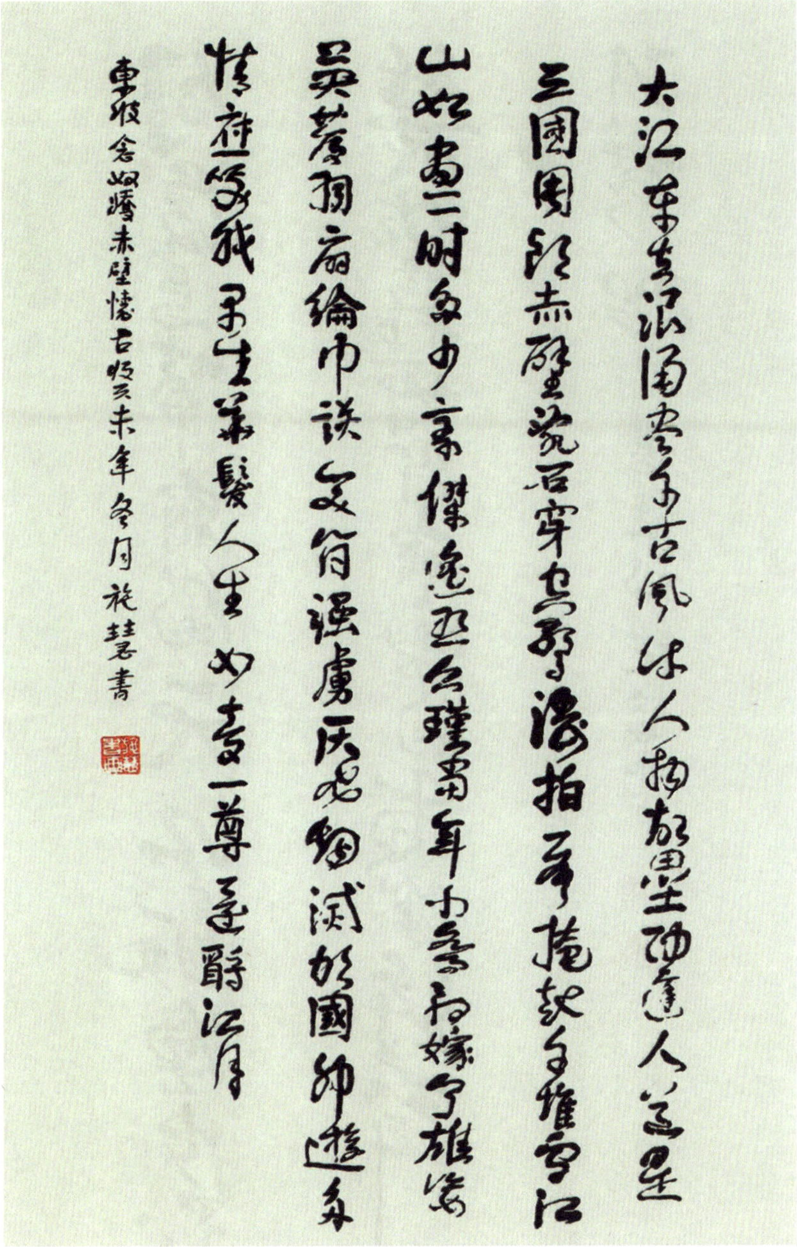

临（宋）苏轼《念奴娇·赤壁怀古》

释文：大江东去，浪淘尽，千古风流人物。故垒西边，人道是，三国周郎赤壁。乱石穿空，惊涛拍岸，卷起千堆雪。江山如画，一时多少豪杰。遥想公瑾当年，小乔初嫁了，雄姿英发。羽扇纶巾，谈笑间，樯橹灰飞烟灭。故国神游，多情应笑我，早生华发。人生如梦，一樽还酹江月。

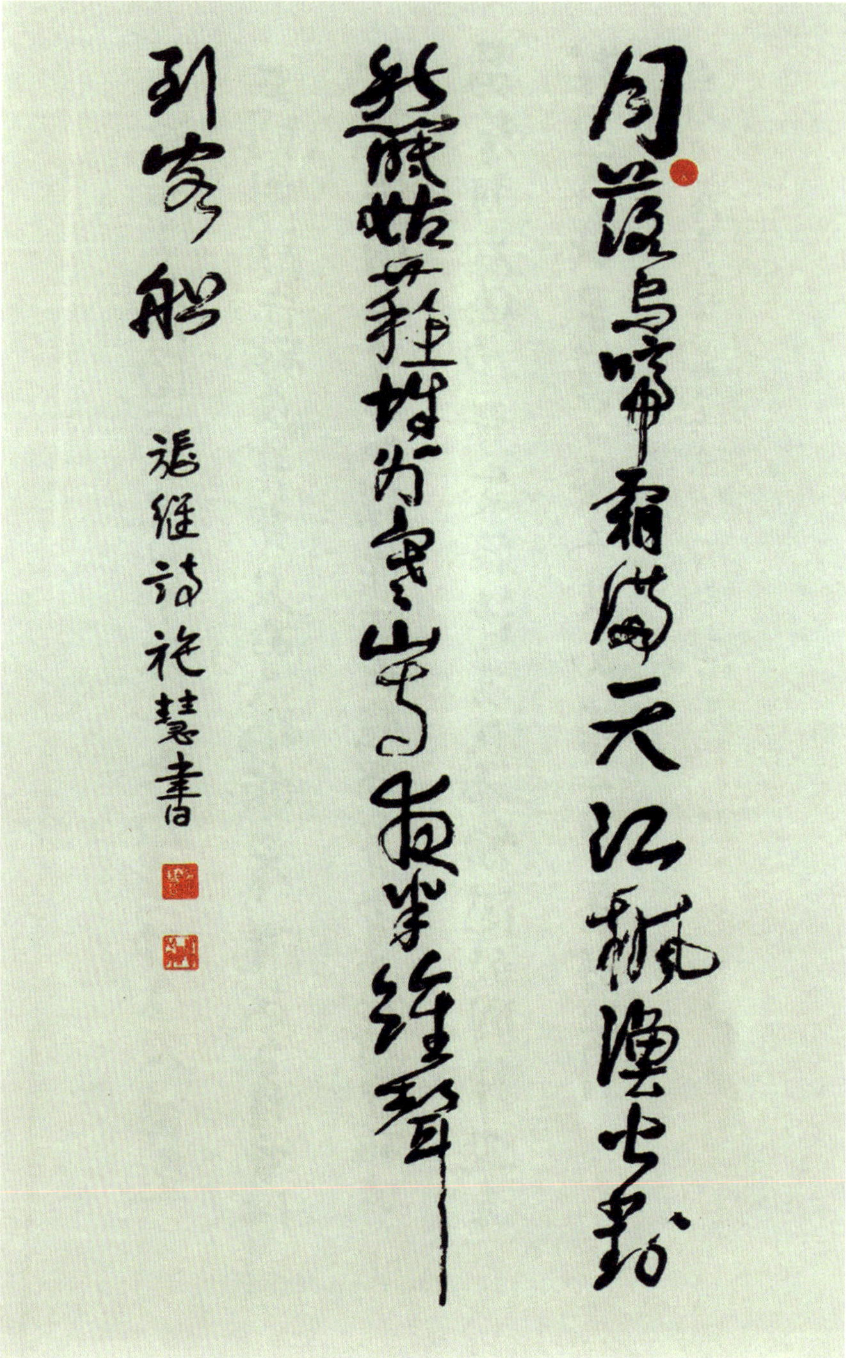

临（唐）张继《枫桥夜泊》

释文：月落乌啼霜满天，江枫渔火对愁眠。

姑苏城外寒山寺，夜半钟声到客船。

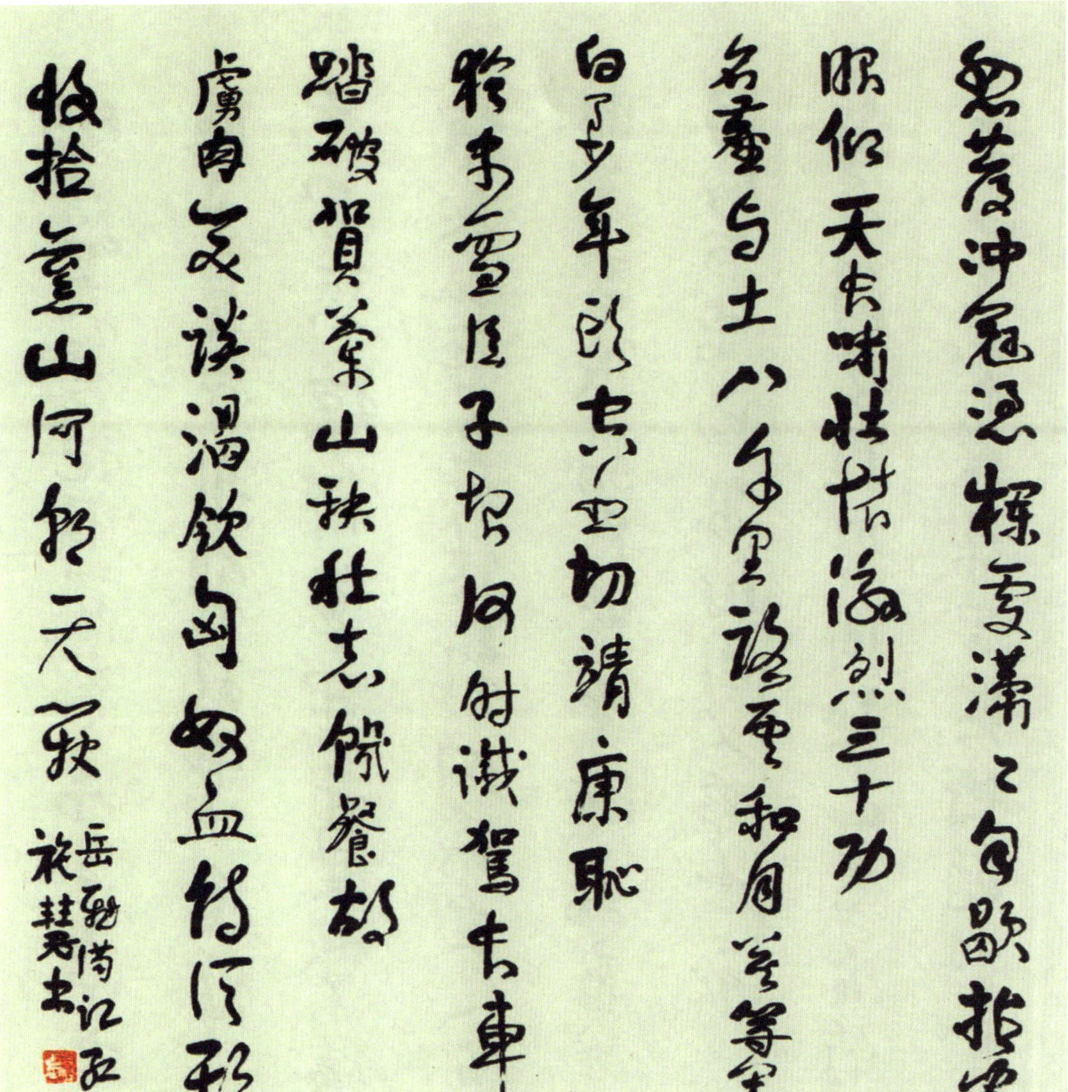

临（宋）岳飞《满江红》

释文：怒发冲冠，凭阑处、潇潇雨歇。抬望眼，仰天长啸，壮怀激烈。三十功名尘与土，八千里路云和月。莫等闲、白了少年头，空悲切。靖康耻，犹未雪；臣子恨，何时灭！驾长车、踏破贺阑山缺。壮志饥餐胡虏肉，笑谈渴饮匈奴血，待从头、收拾旧山河，朝天阙。

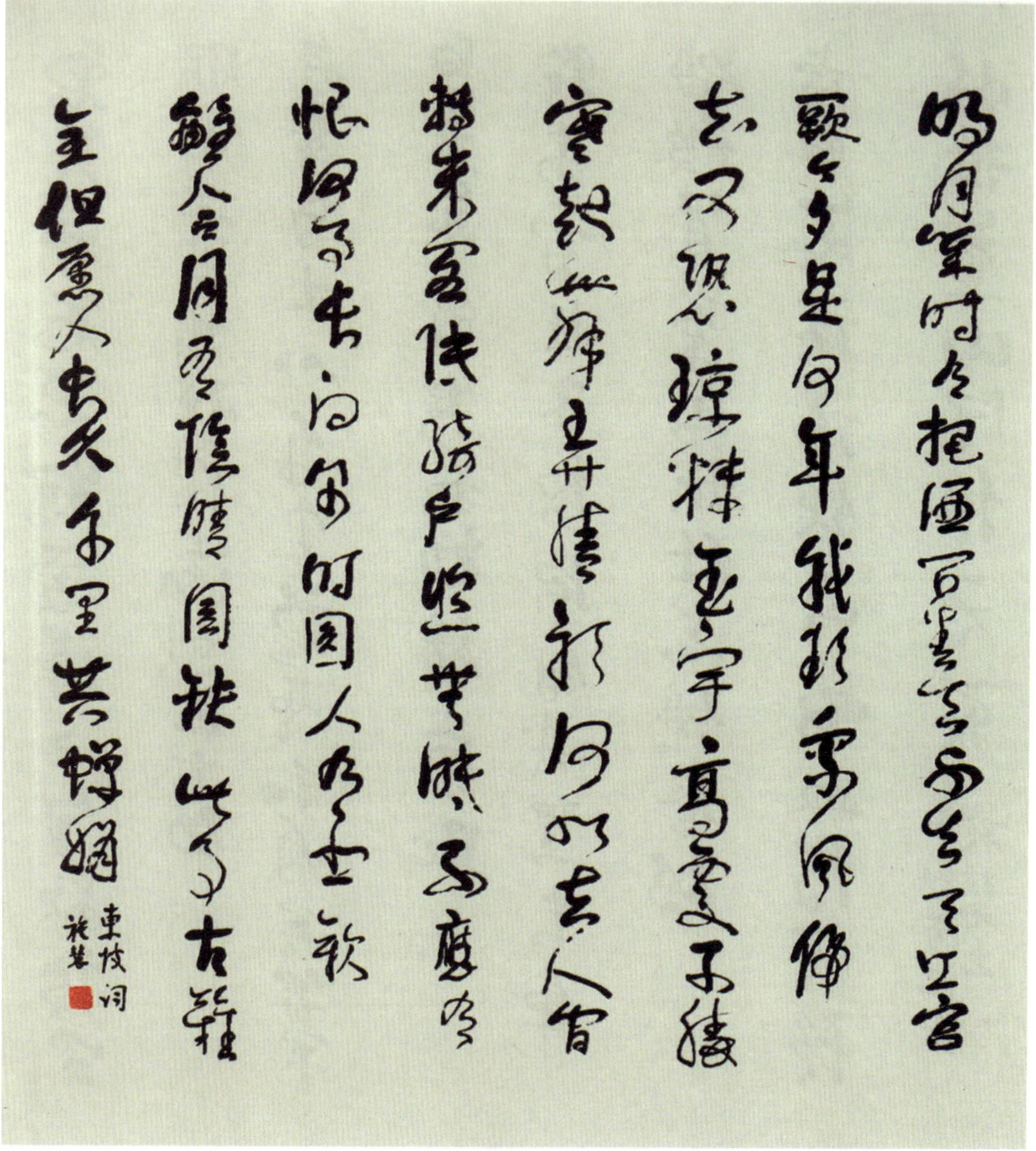

临（宋）苏轼《水调歌头·明月几时有》

释文：明月几时有？把酒问青天。不知天上宫阙，今夕是何年。我欲乘风归去，又恐琼楼玉宇，高处不胜寒。起舞弄清影，何似在人间。转朱阁，低绮户，照无眠。不应有恨，何事长向别时圆？人有悲欢离合，月有阴晴圆缺，此事古难全。但愿人长久，千里共婵娟。

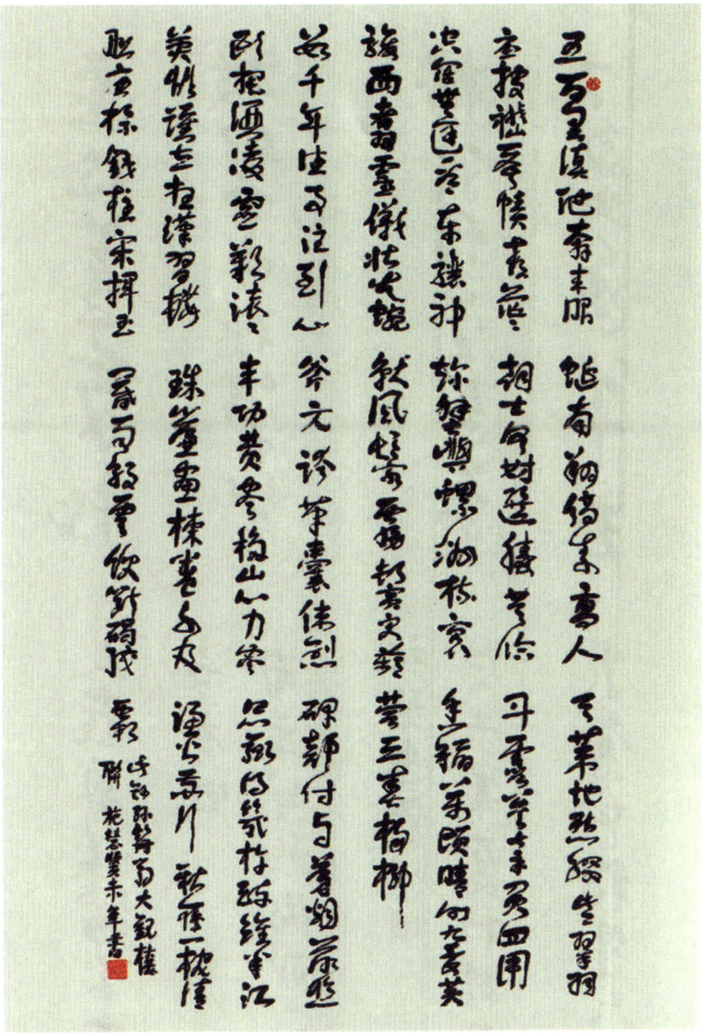

临《昆明大观楼长联》

释文：五百里滇池奔来眼底，披襟岸帻，喜茫茫空阔无边。看：东骧神骏，西翥灵仪，北走蜿蜒，南翔缟素。高人韵士何妨选胜登临。趁蟹屿螺洲，梳裹就风鬟雾鬓；更蘋天苇地，点缀些翠羽丹霞，莫辜负：四围香稻，万顷晴沙，九夏芙蓉，三春杨柳。

数千年往事注到心头，把酒凌虚，叹滚滚英雄谁在？想：汉习楼船，唐标铁柱，宋挥玉斧，元跨革囊。伟烈丰功费尽移山心力。尽珠帘画栋，卷不及暮雨朝云；便断碣残碑，都付与苍烟落照。只赢得：几杵疏钟，半江渔火，两行秋雁，一枕清霜。

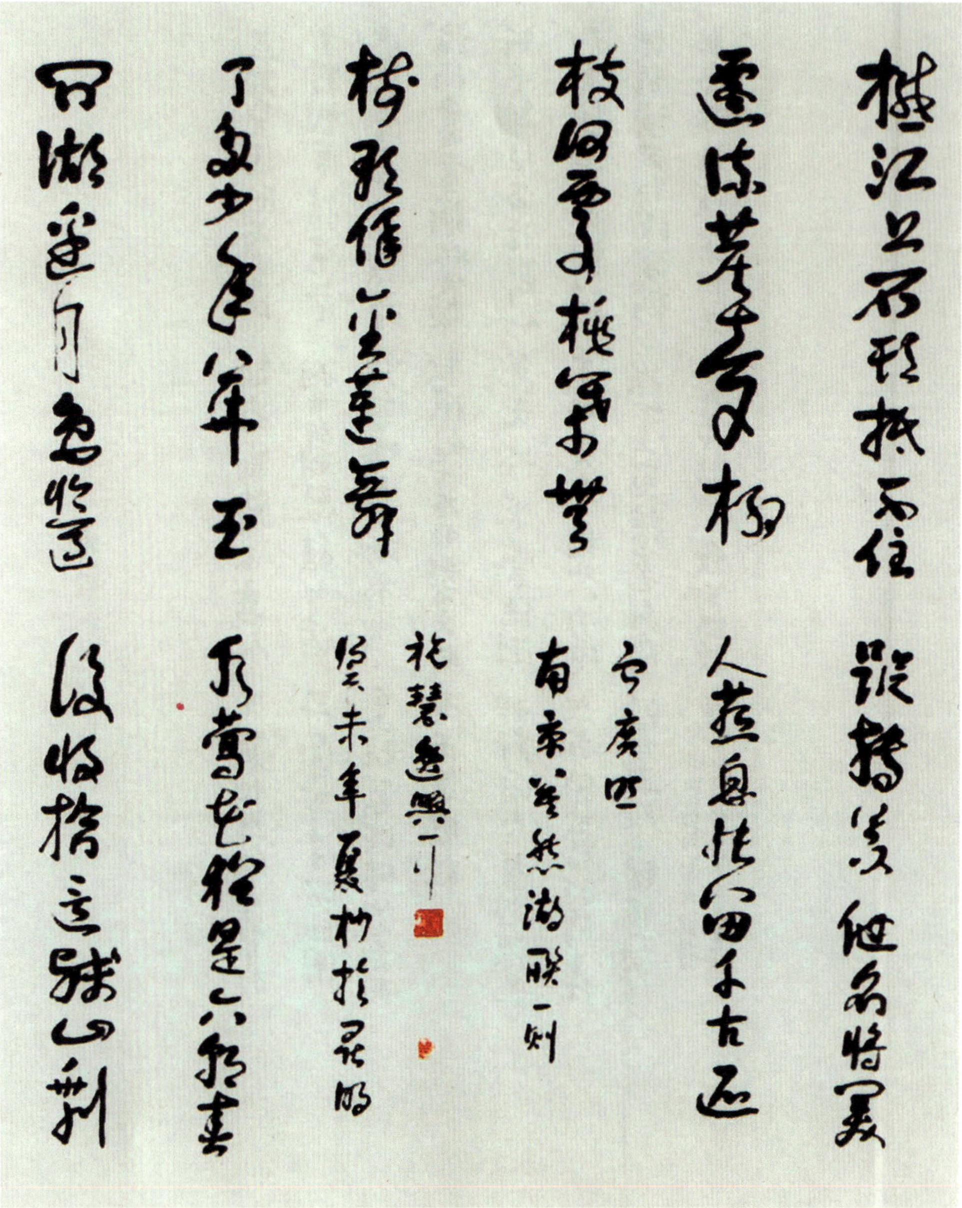

临《莫愁湖联》

释文：憾江上石头抵不住迁流尘梦柳枝何处桃叶无踪转羡他名将美人燕息能留千古迹。

　　　　问湖边月色照过了多少年华玉树歌余金莲舞后收拾这残山剩水莺花犹是六朝春。

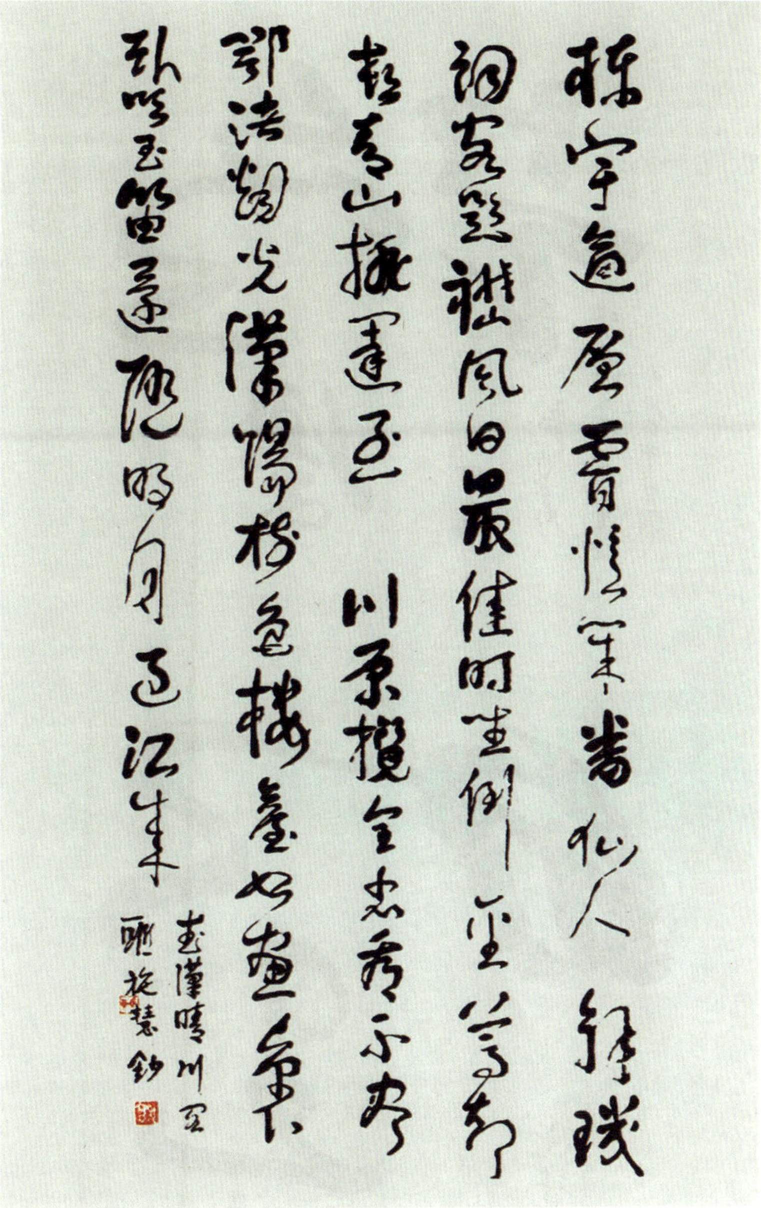

临(清)宋镄《晴川阁联》

释文：栋宇逼层霄，忆几番仙人解佩，词客题襟，风日最佳时，坐倒金尊，却喜青山排闼至；

川原揽全省，看不尽鄂渚烟光，汉阳树色，楼台如画里，卧吹玉笛，还随明月过江来。

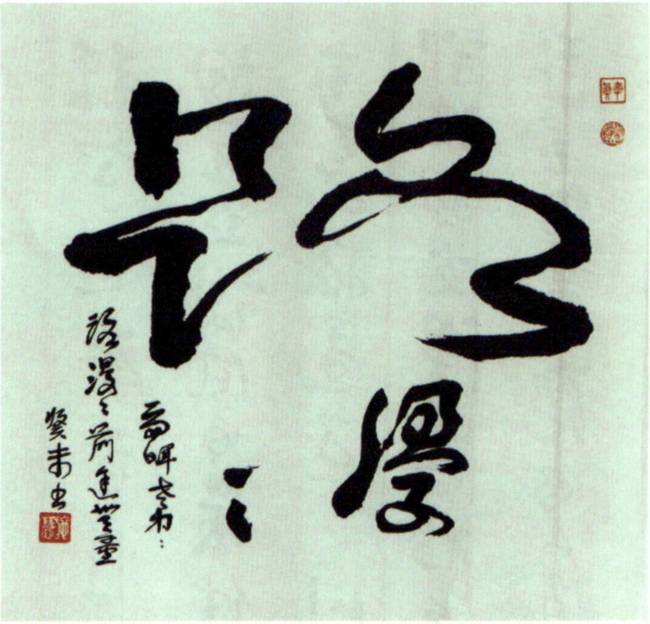

路漫漫

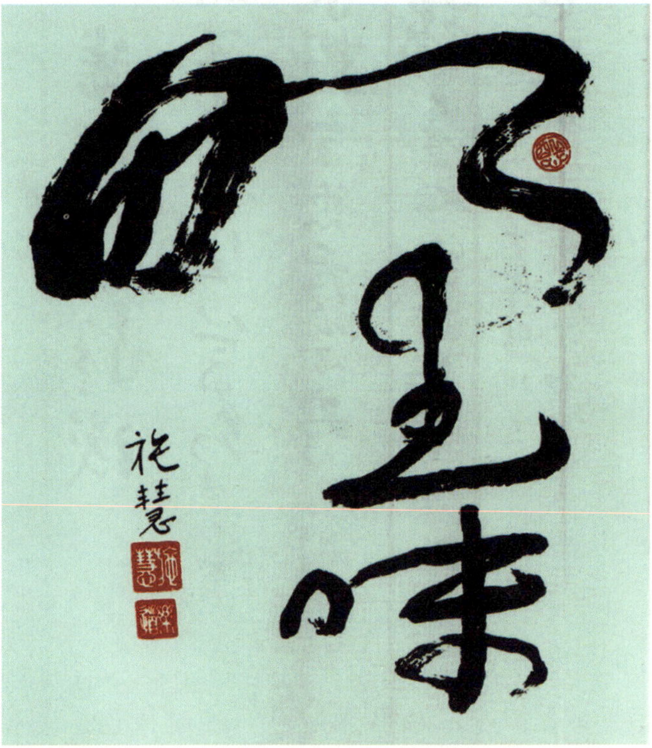

野味

舞

龙

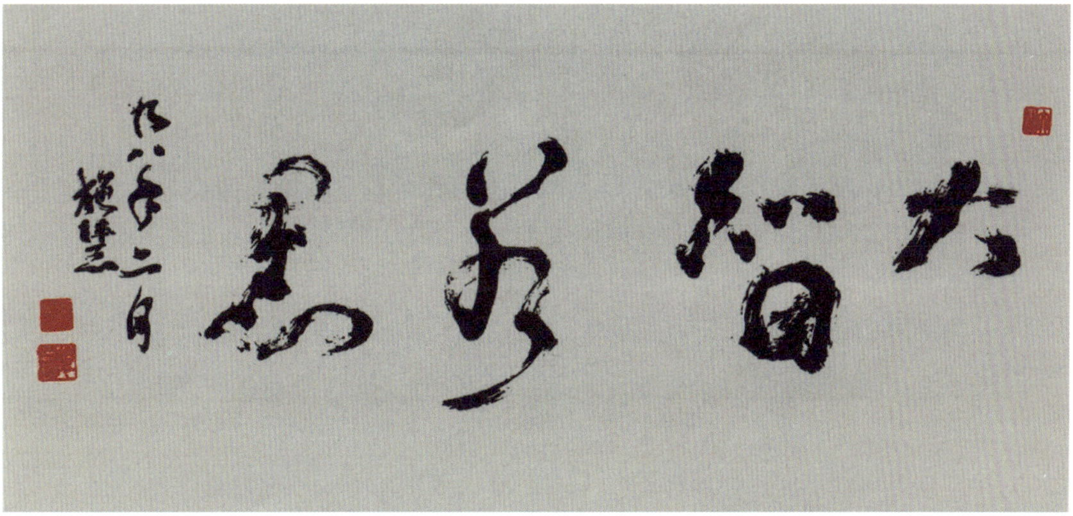

大智若愚

谈到自学书法，我也有很多感受。35 年前我曾在白马庙开了一个诊所，我在我的诊所里布置了一个练习书法的地方，然后从临帖开始，记得开始的时候临写了楷书的四大家，后又临了行书的大家作品，最后临草书大家的字。由于没有老师，也找不到老师，由于我喜欢一点浪漫，而行草书会给人提供多一些想象的空间，后来我买了一本林散之的帖进行研究，并准备从这方面发展。在诊所没有病人的时候，我就临帖，等到我认为该临的都临完了，我就开始创作我自己的书法作品，一边创作，我一边在写书画方面的论文集，取名为《书画流芳》，后来作为云南蒙学丛书而出版。

我们来欣赏这本书的一个章节。

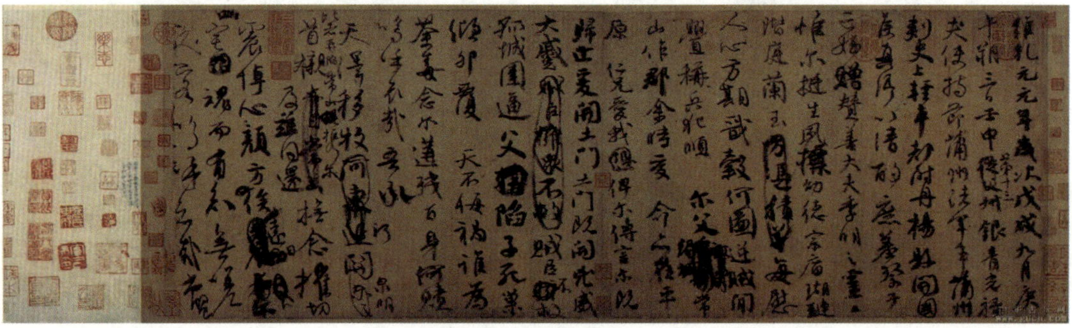

颜真卿的《祭侄帖》

说起颜真卿的书法，妇孺皆知，被誉为王羲之后第一人是当之无愧的。他字清臣，琅珊临沂(今山东临沂)人，自幼丧父，母亲殷氏抚养他长大，由他的伯父元孙和伯父的二弟允南对他进行教育。他博学而工辞章，特别善于作书。据说他幼年时因家贫买不起纸笔，就用黄土在墙壁上练习写字。后来出任平原太守，官封鲁郡公，所以人称“颜平原”或“颜鲁公”。他的书法，初从家学，又从褚遂良、张旭，上溯二王，然后变古出新。其楷书宽博端庄，以气势雄浑著称，用笔厚重道婉，世以“颜筋柳骨”相称，具有独特审美价值的“颜体”千百年来已深入人心。

在中国书法史上，有两件出神入化的行书作品为人啧啧称道，即王羲之的《兰亭序》和颜真卿的《祭侄季明文稿》，它们分别被誉为“天下第一行书”和“天下第二行书”。《兰亭序》的真迹不存已是一个铁的事实，倒是颜鲁公的《祭侄季明文稿》墨迹犹存，它情真意切，血泪交进，酣畅淋漓中让我们感受到一种英雄主义浩然气概的震撼。

这是乾元元年(758年)正做蒲州刺史的颜真卿祭其堂兄杲卿之子季明的祭文草稿。它的背景是:安禄山于范阳发动叛乱,一时气焰嚣张,朝廷派去镇压的军队屡遭失败。当时,任平原太守的颜真卿与其堂兄常山太守颜杲卿联合抗贼。后杲卿与其第三子季明因坚守的常山城被敌军将领史思明攻破,杲卿与季明这父子俩一同被俘,季明被杀于常山,杲卿被送到洛阳后也被杀死。真卿则改走平原城得以生还,回到天子身边后,升任蒲州刺史。次年,由常山城突围出来的泉明(杲卿长子)再次冒着生命危险前往常山城,寻找其弟季明的首级,将其装入棺木,经过两三个月的奔波,终于回到蒲州。颜真卿见景生情,感慨万千,胸中的悲愤再也无法抑制,于是挥笔写下了这篇悼念文章,不意竟成书法史上的千古绝唱。

《祭侄季明文稿》原是一篇祭文的草稿,从悼文内容上来看,属于叙事抒情并举,催人泪下,但它毕竟只是一篇普通的祭文,难说有很大的文学价值,但从书法艺术的角度来看,全篇节奏跌宕起伏,开始之时以舒缓为主,随着激越的感情发展,愈后愈趋快捷与飞动,直抒胸臆而一片真率,哪里是在写字,完全是忘情状态下的心灵诉说,因而一任自然流露,随意圈涂删改,不计工拙,甚至文后连署名也省略了。

《祭侄季明文稿》和《祭伯父文稿》以及《争坐位帖》合起来,称为“颜真卿三稿”,是行书的杰作。昔人论鲁公书,因赞其书,亦复赞其人,他的作品使人油然联想到他的“凛凛正色”“直言鲠论”“天威不可屈”的忠臣烈士的形象。也可以说,颜真卿的书法艺术在历史上的地位,是与他无比刚直的人格和政治品质有关联的。这种刚直精神洋溢于其字画之间,形成丰盈强劲,不趋古人后尘的独白的书法。

在学习书法的这段时间,我还研究了十七位行草书大家的生平与作品,如王献之:

王献之(344~386),字子敬,东晋著名大书法家,会稽山阴人,羲之第七子。历官建武将军、吴兴太守、中书令,人称“王大令”,卒谥宪,死后由族弟王珉代其官,世称小令。少有盛名,高迈不羁,风流为一代之冠。工书,正、行、草书诸体兼精,尤精行草,字体英俊爽迈,遒劲雄伟,纵横开张，饶有气势。亦善丹青。张怀瓘《书断》云："幼学于父，次习于张。后改变制度，别创其法，率尔师心，冥合天矩……至于行草兴合，如孤峰四绝，迥出天外，其峭峻不可量也。"《文章志》也云："献之变右军法为今体，字画秀媚，妙绝时伦。"与其父并称"二王"，为中国书家之大宗，除传世墨迹外，著有《文集》十卷。

王献之传世墨迹殊多，俱系断简零墨，多为十数字或十数行，大幅之作鲜少，著名者如《鸭头丸帖》《安和帖》《地黄汤帖》《中秋帖》《廿九日帖》《十二月帖》《兰草帖》等，以及小楷《洛神赋十三行》。《书议》云："子敬才高识远，行草之外，更开一门……非草非行，流便于草，开张于行，草又处其中间。无藉因循，宁拘制则，挺然秀出，务手简易，情驰神纵，超逸优游，临事制宜，从意适便，有若风行雨散，润色开花，笔法体势之中，最为风流者也。"如草书《送梨帖》仅 11 字，然细细品赏，则意味深远，用笔起承转合，一贯到底，似山谷奔泉，空灵自然，绝无半点矫饰之态。观之心情舒畅，真是神乎其技，妙乎其神；又如《鸭头丸帖》只有 15 个字："鸭头丸，故不佳。明当必集，当与君相见。"内容平淡无奇，系给友人的便札，然其用笔外拓开廓，散朗多姿，用墨燥润多致，疏爽洒落，这一千古名迹，现为上海博物馆的镇馆之宝。王献之初由其父得笔法，进而取法张芝草圣，推陈出新，遂成今法，因而在用笔上有一种外拓之美。这在《鸭头丸帖》《送梨帖》《中秋帖》《地黄汤帖》等作品中，均有不同程度之表现，它筋里藏骨，柔中有刚，开廓润腴，妍妙俊逸，令人如见作者挥运之时的兴致淋漓，翰逸神飞。

平心而论，纵观王献之留下来的书迹，其笔意外展，潇洒倜傥，其成就堪与其父齐肩。虞伦《论书表》曾录有许多佳话逸事，如王献之书于少年的精白衣服上，人们争夺，衣服被撕得四分五裂，少年仅得一只衣袖……据传，王献之还善于作画。有一次桓温请他在扇面写字，王献之不慎将笔掉在扇子上，就趁落笔的污点，画成了一头牛，很是精妙，深得桓温喜爱。

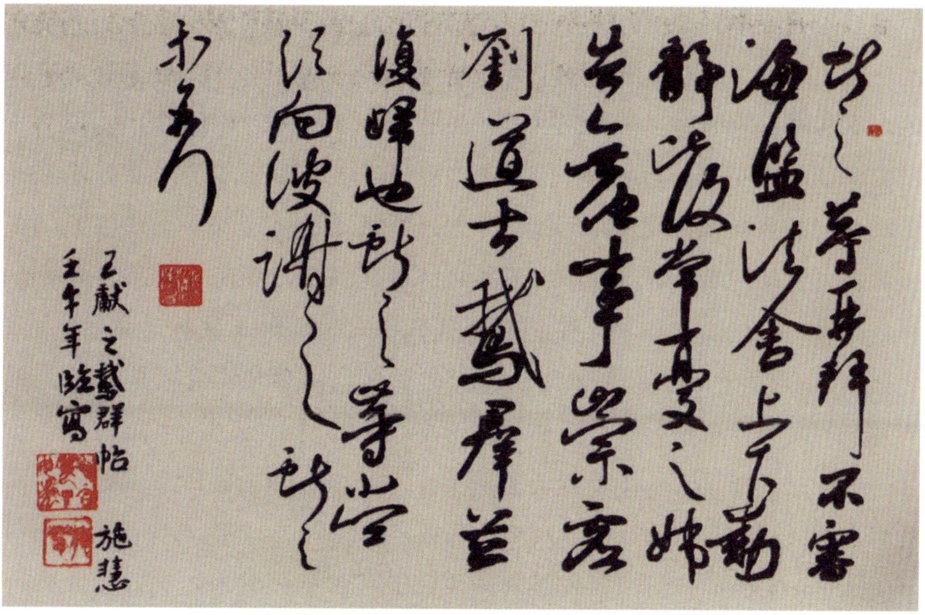

（晋）王献之《鹅群贴》

我自2000年开始从事书法的学习，到2007年出版《草书欣赏》一书，其中的甘苦，可想而知，从临帖到创作，形成自己的书法特点，这是多么的不易。当然除了练字，我也从事书法理论的研究，在诸多的大家当中，我特别喜欢近代草书大家林散之先生的书法，所以我的书法特点也是向着林散之先生靠拢的，曾入选林散之首届三年作品展，选送的是《莫愁湖》这篇作品。2007年出版了《草书欣赏》一书后，我便停止了书法的创作，2012年我开始转向油画作品创作，一发而不可收，至今共举办了七次个人作品展，创作了二百多幅油画作品，但是我人生中的这段与笔墨有关的自学经历，时时搅动着我在艺术方面的冲动，以至于我在油画作品的创作中，还时时受到书法中墨色气韵的影响，书法中墨断气不断的特征，影响了我油画中的色彩停顿与模进的概念，自学书法的那种飘逸的感觉，将永远珍藏在心中。

谨以《草书欣赏》的序言作为这个章节的结语。

中国书法是一门典型的东方艺术，它有着古老而独特的审美文化传统，它多视角、多层面地展示着中国书法的美学韵味，使人如睹灿烂美妙的画面，如闻抑扬起伏的旋律，从而涵泳乎其中，品味乎其间。故中国书法的艺术魅力，两千年来征服了数不清的欣赏大众，使他们迷恋得如痴如醉，而在漫长的历史流程中，中国书法也形成了自己独有的美学特征。

中国书法从它诞生之日起，其审美内涵乃至艺术素质就伴随着时代的变迁、文字的演化、美学的发展、历史的进程逐渐地、缓慢地或嬗变，或拓展，或积累，或新生。对于中国书法的美学赏析，我们可以从艺术社会学、创作美学、接受美学、符号论美学等一系列视角来进行思考和观察。林语堂说："通过书法，中国的学者训练了自己对各种美质的欣赏力，如线条上的刚劲、流畅、蕴蓄、精微、迅捷、优雅、雄壮、粗犷、谨严或洒脱……这样，书法艺术给美学欣赏提供了一整套术语，我们可以把这些术语所代表的观念看作民族美学观念的基础。"

从创作美学的视角来窥视书法美学数千年的历史流程，我们可以看到中国书法有着丰富的美学内涵。从甲骨文到秦代以小篆统文字，其书法美主要是造型美，它是以象形性的意态或意味为其特征的，然后从汉代到魏晋南北朝，则以笔歌墨舞的表情意味开始凸现，至"汉魏有钟、张之绝，晋末称二王之妙"，表情美形成了高峰。从美学的角度来看，自唐朝开始，才出现有意识地来供审美欣赏的书法作品。邱振中先生曾指出："唐代以前，书法作品几乎全部是简牍、碑铭等应用性文字，它们的艺术性只是这些文词的附庸。"(《论楷书对笔法衍变的若干影响》)当然，不能说篆书、隶书就缺少美学赏析价值，它们那应规如矩而又丰富多变的点画用笔、字字独立而又参差连贯的结体章法和行书、草书一样，同样是书法家审美个性和感情节律的表现，不过其节奏较为舒缓，旋律较为平稳，没有行、草那种行云流水或拍激豪荡的势态，特别是篆书，也未尝不带有一定的表情美，只不过这种表情美往往被象形意味所掩盖或束缚罢了。

在中国书法中，最具美学韵味的，当数草书而已。

草书可分章草、今草两种。章草产生于西汉至东汉初，其名之由来，有创自汉章帝说、托始于《急就章》说、适用于写奏章说等，而以章奏之说较为合理，故陈思《书小史》中云："建初中，杜度善草，帝贵其迹，诏上章表今作草体，始号章草。"今草则发生于汉末至东晋之间，它脱去了章草所保留的隶书的笔画形迹，上下字间的笔势往往牵连相通，段玉裁《说文解字》注云："其各字不连绵者曰章草，晋以下相连绵者曰今草。"现在就包括章草和今草（张旭、怀素的今草又称为"狂草"）在内的草书，做一美学特征方面的分析：

一、笔画简约，线条连绵

张怀瓘《书断》云："章草即隶书之捷，草也章草之捷也……草法简略，省繁录微。"张怀瓘又云："草之书，字字区别。张芝变为今草，如流水速，拔茅连茹，上下牵连，或借字之下，而为下字之上，其形离合，数意兼包。"故草书作为艺术，其最大的审美特征是由简约化出发的连绵挥写，这种笔画之间的连绵，字与字之间的连绵，正是一种流动性的美，如怀素的狂飙风式的线条组成狂草，给人以绵绵不绝、气贯长虹之感。草书的这种连绵与流动，就是草书的最大自由，它们逍遥乎文字实用交际的尘网之外，自由地展示着。但不管草书如何牵连流速，飞动不羁，其字之框架始终没有彻底地泯灭，只不过是借上字之下为下字之上、上字与下字互相牵连而已。苏霖云："草书虽连绵婉转，然须有停笔……或歇或连，乃为正当。"（《书法钩玄》录赵子固语）孙承泽《庚子消夏记》也云："书家草法宜入规应矩，力能扼腕，处处停笔为佳。"草书这种点画处皆重、引带处皆轻，棱侧起伏、处处停笔的特点，在历代许多优秀作品中均有表现。如张旭《草书古诗四帖》中的"仙隐不别可"，望其体势，连绵飘忽，飞动不居，几乎不可辨识，但仔细察看，这些字中，连中有断，顿挫分明，或歇或连，字字完形于流动之中。故草书的这种停笔、重笔、起伏、转折、脱卸与引带的有机交织，使得奔放流动之中渗进了种种静态美的因素，而这正是草书的美学特征之一，如果忽视了这点，草书就有失于谨严的法度，

二、变态无穷，神化自若

刘熙载《艺概·书概》云："书家无篆圣、隶圣，而有草圣。盖草之道千变万化，执持寻逐，失之愈远，非神明自得者，熟能止于至善耶？"刘熙载又云："怀素自述草书所得，谓'观夏云多奇峰，尝师之'。然则学草者径师奇峰可乎？曰：不可。盖奇峰有定质，不若夏日之奇峰无定质也。"这些论述，指出了草书的变化性，所谓"无定质"，是赋予草书随类生变、触遇成型、变态无穷、神化自若的变化性以理性的概念，它准确地揭示了草书的审美特质。如草书的线条追求动荡感，动荡生变化，动荡充满生机。

怀素的狂草，总能遇险绝于平正之中，平中有奇。怀素的小草《千字文》与大草《千字文》变化极大。小草含蓄、沉稳、不急不躁，大草放纵诡异，行书迅疾。所以即使是同一书法家，所书作品也会因其书写时间、环境的不同，阅历的变化等而不尽相同。

楷书结构讲究规范与和谐，草书结构注重变化与随意。草书正是这样，在最大程度上冲破了楷书字字独立、稳固凝定的块架性，挥洒中无视于“永字八法”金科玉律般的规范，可谓一切皆飞，一切皆动，令人不可见其端倪。如小草，同一字可以多种草法，变化多端。如大草，可用“神秘莫测”四字喻之，自由度更大。自由度大并非可以随心所欲，实际上是更难把握其正确性。所以草书给人以惊险之感，又很大方、流畅。笔笔相属，字字顾盼，字中有情，弦外有音，天真自然，生机盎然，使人愈看愈美。

三、气势飞动，气脉绵亘

草书中还有一个特点，就是气势飞动，其实是一种“气势美”。这种气势美，在创作之前强调充分蓄气、蓄势；在创作之中注意造势、运势、趁势，这是运动之美，力量之美。蔡邕云：“势来不可止，势去不可遏。”一字之间笔势连贯，字与字、行与行之间再求“贯气”。上下承接，左右瞻顾，意气相聚，神不外散。有俯有仰，有揖有让，递相映带。有时靠顺势的露锋承上引下，有时靠急速的回锋以含其气，在静止的纸上表现出一种动态的美，使人赏心悦目，神驰思遐，这就是草书气势飞动的“笔势美”。历代书法名家都能各取其势而各得其神，如王羲之的神韵超脱，王献之的纵逸萧散，颜真卿的苍郁豪迈，杨凝式的超迈脱俗，米芾的奔放诡异，黄庭坚的韵度飘逸，董其昌的疏秀虚淡，王铎的奇矫淋漓……所以有“飞鸿戏海，舞鹤游天”“若浮云，矫若惊龙”之论。蔡襄《自论草书》云：“每落笔为飞草书，但觉烟云龙蛇，随手运转，奔腾上下，殊可骇也。”这是书家描写草书气势美的创作过程和自我感受，明末清初的王铎，往往连绵不断地一笔数字或十余字，如其草书轴，第二行一笔竟连书十二字，且纵笔取势而势若不尽，为书史上所罕见，这一作品典型地表现了雄勇劲健、意逸乎笔的气势美。而作者草书的“舞”字，难道不是一个婀娜多姿的少女在跳舞，人生如舞，其中暗藏玄机。

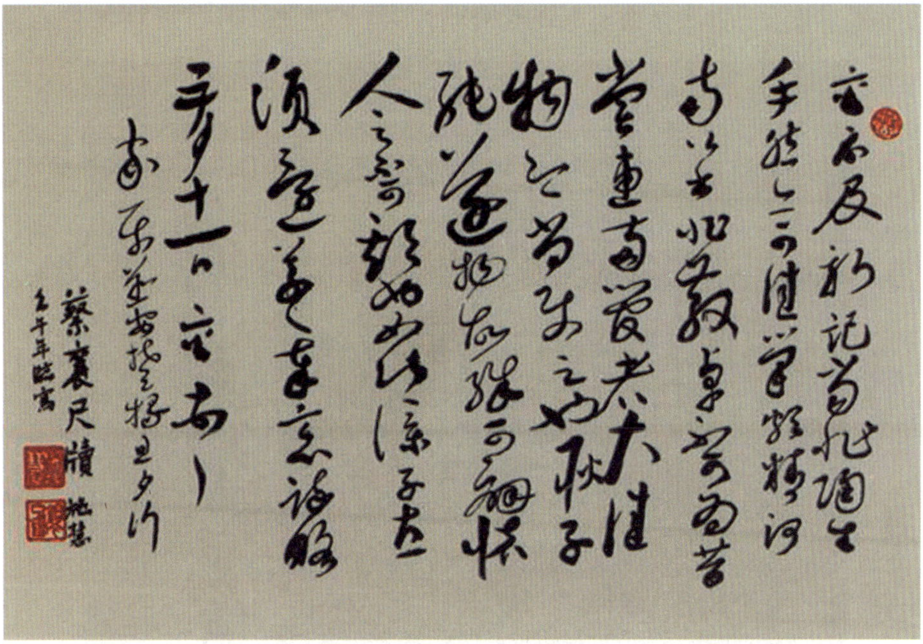

(宋)蔡襄《陶生帖》

释文：襄：示及新记，当非陶生手，然亦可佳。笔颇精，河南公书非散卓不可为，昔尝惠两管者，大佳物，今尚使之也。耿子纯遂物故，殊可痛怀，人之不可期也如此。仆子直须还，草草奉意疏略。正月十一日，襄顿首。家属并安。楚掾旦夕行。

刘熙载《艺概·书概》云："昔人言'为书之体，须人其形'，以'若坐若行，若飞若动，若往若来，若卧若起，若愁若喜'状之，取不齐也。然不齐之中，流通照应，必有大齐者存。故辨草者尤以书脉为要焉。"这里提到的脉就是气脉，气脉就是不齐之中的大齐，就是杂多中贯穿始终的统一。把它作为草书美的存在，作为生命力的形式，全靠不齐中的大齐，全靠气脉发挥其维系机体之统一与贯通之作用。刘熙载又云："书尤重筋节，若笔无转换，一直溜下，则筋节亡矣。虽气脉雅尚绵亘，然总须使前笔有结，后笔有起，明续暗断，斯非良作。"这里要求表现出贯穿始终的续中之断和断中之续，即一般所说的形断意连、迹断势连、笔断气连等等。

草书的气脉，既要求贯穿始终的不齐与大齐的互为渗透，又要求贯穿始终的断与续的互为倚伏。气脉，是草书的命脉，是维系草书章法整体的生命线，也是草书重要的美学特征。

《草书欣赏》书影

中国的书法，似乎是黑白的世界，但如果深入视觉的微观，就可以发现墨色是有层次、有色阶的，它们在浓、淡、枯、润之间也存在着一级级微妙差别所构成的墨韵空间序列，可供创作主题的自由选择。这些墨色之中不同层次的黑色，不仅助长了书法之美，并且它本身几乎也是一种美，例如清代的黄慎，他好用谈墨渴笔作草书，酒浇逸兴，墨助雅致，他的淡墨挥毫，不仅丰富了书艺的墨趣表现，也反映了书法家独特的笔墨主体个性。

中国书法能够在国内外的不同文化背景中保留、积淀下来，这实在是一种历史感情、民族特征的集体财富和精神遗产，同时也是一种文化心理的美学积淀。

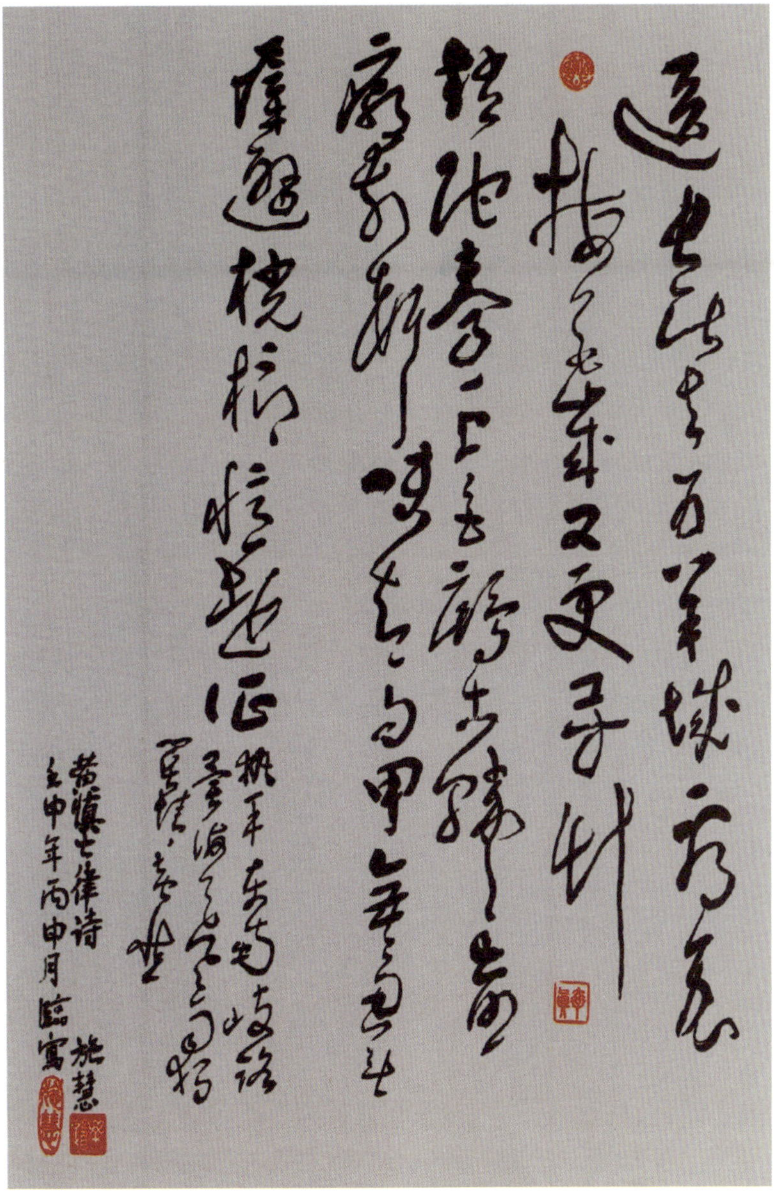

（清）黄慎《七律诗》

中国书法的历史和现实深深地震撼了我，而追求唯美又是我的艺术个性，但本书不想涉及美学理论方面的探讨，只是希望读者从美学的视角来欣赏中国的草书作品。美国著名艺术史家潘若斯基说："如果没有历史例证，艺术理论将永远是一个关于抽象世界的贫乏纲要。"(《视觉艺术的含义》)为此，笔者不避麻烦，不畏琐屑，投入大量的时间，在"名作临写"这一章，精心选出了数十幅著名书法作品图例，并由作者本人亲自临写而成，这些都是为本书的赏析所渗透了的。("草书名作"及其释文参考了《中国历代草书珍迹》天津人民美术出版社2001年版、《中国书法大全》荣宝斋1995年版、《中国古代书法家辞典》浙江人民出版社1999年版)至于没有释文的名作，其想象空间则只有留给读者本人了。行草书创作这一章中所有书法作品即为作者所创作，而本书50幅书法作品的摄影，则由女儿施璐郗来完成。

我在《音乐札记》的后记中曾云："古典音乐作品在其内在意义生成的过程中，总是和文学的发展有着密不可分的联系，而音乐散文就是要用诗性的语言努力反映出历史和时代固有的纵深感，获得比较博大的历史意蕴和延展活力。"而书法作品也是一样，不应该成为个人炫耀技艺的工具，而应该在更广阔、更久远的历史文化背景下，回归至那种澄明的、诗意的人生状态。

第七章　文学与蒙学

人生中也许谁都会有几次意想不到的际遇，如果你遇到了，或许会影响你的生活事业，甚至一生。我和千山的相遇、相识纯属邂逅，相交多年，像溪水淡淡流过，却在心中留下了厚厚的积淀令人难以忘怀。

我们的相识完全是一个偶然的意想不到的机会。

记得好像是1996年，云南省中医学院尹教授邀请我和昆明市中医院姚院长去参加一个聚会，同桌的有两位编辑，一个是春城晚报社的，一个是昆明日报社的，在我右边的这个青年人，宽宽的前额下清癯的面庞上闪烁着一双机敏的眼睛。

他介绍说，他在《春城晚报》副刊部编辑“大观”和“科学天地”栏目，是昆明医学院毕业的。

医学和文学拉近了我们的距离，就像离家万里之外突然见到了表弟、表妹一样亲切。他热情地与我交谈，全然没有大编辑的口吻。

“我叫郑千山。”

这回答令我大吃一惊，我有点语无伦次地：“你就是郑千山？你就是那个写《永远的解剖刀》的那个郑千山？”

我历来喜好文学，曾经读过他的作品，也听到过一些关于他的传

作者与郑千山（摄于2005年）

闻，但我毕竟对文学知之甚少，所以，在这样的时间，这样的地点，突然听到这样的名字，使我懵懂许久……

这样一个偶然的机会我结识了郑千山，后来我们一同组建“云南蒙学研究会”，他任会长，我任副会长。

同在一个城市，各忙各的工作，后来我们很少见面，但我仍然时时关注他的文字，这不仅仅为了一睹为快，而是每当读到他的新作时，哪怕是一小块新发表的文章，便知道他仍然健康，仍然睿智，仍然笔耕不辍，仍然准备着新的征程。

后来，在千山的介绍下，我加入了云南省作家协会，开始从事文学创作，出版了多部散文集，最后汇集成《施慧文集·散文卷》，同时也从事了文学艺术评论方面的创作，出版了《施慧文集·艺术卷》。

我的人物写真，如《邂逅许逖》《走近张爱玲》《告诉你一个真实的郑千山》《逆境中的坚守》等等，一行行色彩斑斓的片段，一篇篇感人心魄的文章，都融入了我精致而纤细的情感，是真性情的散文。每一个人物的出场，都让你在第一时间里屏住呼吸，然后就是不可抑制的心跳，我写他们的心灵、命运、爱情、创作的一些细节、片段、作品，应用闪烁着明亮色彩的词汇，显露出友人性情美的光芒。

《施慧文集》书影

叙事怀人，真情实感，细而不碎，如《走进张爱玲》写得简朴、清艳，时间已经磨蚀了记忆中刺目的繁华：“张爱玲算是一颗流星，从胡兰成的情感天空上划过去了。这样比较好，爱如烟花，只开一瞬，顷刻寂然之前，还拖了华丽的尾巴，这倒是张爱玲为文为人的风范。”又如《告诉你一个真实的郑千山》：“天朗气清，这是千山的风格。心放得下，境界始阔，方能如天高朗，文气自清。”余味缭绕深藏耐人寻味的东西。《邂逅许逖》中的那个宁静的月夜，我与台湾作家许逖伫立在清凉的月色中，无论乡愁也好，漂泊感也罢，一轮冷月导入的忧郁情绪，确实令人伤感。《忆马大芳君》用笔冷峻，也最用情，读着读着，几欲催人眼湿。《逆境中的坚守》马应昌思想的机敏和豪爽得令人震惊的声音以及《俞秋羚印象》中袅袅婷婷的身影，都给大家留下了欢快与神往的回忆。周育麟、普文治虽然走了，旧情难了，他们的身影却被我珍重留下，梁巨成的民间乡土气息、日月风尘定格在一张永恒的照片里。总之，在我的人物写真中，与朋友酬赠、相忆、追怀，都是披肝沥胆，发于至情。

如《邂逅许逖》一文：

许逖君，多年久违了。可是，你的影子，却仍时时浮上我的心头。十年前差不多也是这个季节吧，在中国台湾台北父亲家中，我和五妹及侄女预备了一桌丰盛的晚餐，与许逖君诀别，明天我们就要返回昆明了。许君是作家，文风虽沉郁，但锋芒逼人，时也狂放，但生活中的许逖，为人非常本色，是位性情中人，待人以诚，通体透明，犹如一幅淡雅的水墨画，是那样的清淡、平和，虽含五色，却不露艳光。

我提议大家喝点酒，可莲花白太腻，葡萄酒太甜，都不宜于浅斟低酌，还是喝我泡的药酒，如温旧书，如对故友，甚是有味。与许君相处已两月有余，大家确有些惜别，所以那晚酒都喝得不少。出门分手，许逖又与我说了不少话，我只糊糊涂涂地听着，几次想睁眼看，却什么也看不见，终于支持不住，出其不意，哇地吐出来了。许逖大吃一惊，赶快把我扶回客厅，但我们心里都很痛快，我想许逖君一定还记得那晚的光景吧！

我与许君相识，是1993年我与五妹、侄女到中国台湾探视父亲时。我初到台北，许多事不知怎样做才好，他给我许多的指导，并热忱地介绍病人找我看病，也时常来父亲家吃饭。我渐渐地知道他不仅很会交际，还有他敏锐的眼光，也有他特殊的生活方式。他对自己的身世总是默然着，不大肯道出，也从不邀我们到他家小憩。他说他养着一群牧羊犬，那年他已60岁，孤身一人，早出晚归，以犬为伴。直到有一天我在一个周刊上看到他对台湾时弊进行抨击，把社会的阴暗面一一抖落在光天化日之下，他那深刻的洞察和睿智的剖析，至今还令我记忆犹新。落款是东海大学的教授，我这才知道他在东海大学教书。

我最不能忘的，是我们回昆前的一个月夜。电灯熄后，月光照了满院，柏树森森地悚立着，父亲和五妹都睡了。我们站在月光里，柏树旁，看着自己的影子，听许逖轻轻地诉说他坎坷的人生。

许君的身世，一向讳莫如深，我从不敢过问。那一夜，从许君的口中，我才知道，许君祖籍山东，父亲是国民党的高层，大陆解放时，随军去台。许逖在台北度过了孤独的青少年时期，启蒙了文学才华，发展写作事业，最后经历了最刻骨铭心的丧父之痛。

在台湾的文学界，有很长一段时间，许逖将自己置于一片荒芜的境地写作，他远远地站在一切笑语喧哗之外。在他看来，作为一名写作者，寂寞是一种必要的状态，这种状态使他超脱于语言文本之外，触及了灵魂最痛的所在。

听许逖说话，那稍微沙哑又总是兴高采烈的声音，像个孩子，对所有的事物都显得好奇，尤其是谈到他心爱的牧羊犬，鲜活的表情全都在他的脸上显出，甚至我返昆后，还千里迢迢地来索要治疗牧羊犬皮肤病的药膏。我知道，以犬为伴，这是忍受孤独寂寞的许逖唯一的选择。

在这种天真的气韵下，许逖的心思，偶尔在他的眼神中透露，却是相当敏感、谨慎和世故。作为一位作家，许逖一直在探求精神高地的绝对自由，他隔着一块玻璃在看台湾这个社会，他一边洞悉了欲望的翅膀扇动的姿势，一边却保持着耳根的清净与心灵的自由。在文坛上，他以杂文著称，但当他发表一些评论文章后，又会消失一段时间，消失在人群里，杳无音讯。有几次闲谈，我没有办法拒绝他近乎潦草的思想，他像一个真正的牧师，让我走到华灯初上的街头，竟然也能感受到一种宗教的静谧。

他说一会儿，静默一会儿，这是一个幽奇的夜晚。他叙述时，就是他心地平静时常常浮在脸上的微笑，一面偏着头，老像发问似的，这种月光，这种院落，这种柏树，这种谈话，特别在异乡的月夜里，这是很珍贵的。

告别的时候，我问起许逖，他现在依靠什么过日子，他说，他以前当过潜水员，是退伍军人，现在每个月可以领到一定的生活补贴，有时也为刊物撰写评论，另外每星期在东海大学两次兼课而已，听了令人伤感。许逖内心涌动的激情总是与慌乱、冰凉的现实不吻合，我猜想许逖写作，具有某种幻觉的力量，就像一个女人从一个男人怀里逃到另一个男人怀里，是一种暂时的麻醉。

我观察他的生活，有些寂寥孤独，但一进入写作状态，则又自然充实了。在台北的那些日子里，他陪我考察医院，他安排我为中国家庭计划协会做演讲，他与我坐巴士去台中访问台湾中医药学院……他的率真，如璞玉晶莹，不加雕饰，他一口浓重的乡音，闲谈中经常有许多话题，流露出对故乡的怀恋，偶尔轩眉一笑，天趣盎然，竟像个天真的孩子。我觉得他的性格虽然有些落落寡合，淡泊如水，可他的待人，如丹桂一般，馥郁温馨，他的内心里，自有枫叶一般的气质。他总是默默地在助人，他的这种悲悯情怀，不仅表现在他的杂文集和小说中，也体现在他的待人处世里。像他这样一辈子独身，没有一个完全属于自己的女人的人，却又会资助另一个离异女作家的两个孩子上学。我想，他真是一个最具悲悯情怀的人。

返昆之时，许逖把他的五本杂文集和他撰写的《孙立人将军传》送给我。《孙立人将军传》是许逖的一部充满悲剧意味和庄重色彩的精品力作，他通过众多栩栩如生的人物形象，使读者在阅读视野内，看到了一幅真实的台湾社会缩影图。许逖很自负，他说有些人称他为“台湾的鲁迅”，我当时并不以为然，他的文风虽然独特，杂文虽然锋芒犀利，却孤高幽深，在中国台湾影响并不算大。

他的文集存放在父亲处被遗失，后来也失去了与许君的联系。

春余夏始，是昆明最好的日子。我又重翻了许逖写给我的书简，寻着台北那一段旧梦，但许逖文集的散失，也使我失去了认识一位“台湾的鲁迅”的机会，心上平添了几分惆怅！

怀念你，许逖君！祝愿两岸早日统一，我还会来看您的！

2003 年 9 月 24 日深夜写于返朴斋

另外，我的《人生苦旅》中“人生履痕”也很有情调。情调是一种心灵感悟和艺术趣味的双向沟通，一种略带伤感，宛如尘世之外的舒展和愉悦，它需要时间慢慢地泡，慢慢地品，如《秋虫的怀念》《童心影事》《家食小记》《除夕夜话》等等。同时，我又用萧瑟动人的丽句，倾诉了为情所困的痴男怨女的情感。我根据《秋日絮语》所创作的《秋天里最后的花瓣》（梁巨成曲），词中：“月色朦胧的小路上，你是那片记忆的花瓣，但已失去往日诱人的芬芳。”多少歌迷沉醉痴迷在这首歌的歌声中。再如《故乡的秋》，文章开头有这样一句话很能亲近于大家的感受：“有时想，故乡的秋，特别地来得清，来得静，用一点淡淡的惆怅包容了我们。于是，我们便把心裁成无数条丝带，在故乡的秋里随风飘荡。”我对故乡美景的那种贴心的亲切感，著名作家张昆华先生说我是一位生活在烟霞影里的人。

在中医领域，我主修的是中医男科、皮肤科，这也是医门中较难修的两门功课。我想，如无文学艺术的修养支撑，这种中医的修炼，真是不可思议，我的“人生履痕”实际上就是一种长期的修炼过程，其中包含了几十年清汤夜读的生活，包含了童年时代凄风苦雨带来的思考。我不过是泱泱人海中的一滴水，这滴水与众不同之处是至柔至刚的性格。

我的“雅室小品”尤见性情，其文新奇秀美，诗情画意，神韵哲理，耐人品味。如《喝茶》《谈酒》《探戈》《苦瓜、蕨菜及其他》等，都是美文佳作。我的小品以趣味为主，有着洒脱的气息，我最喜欢的如《清谈》和《散步》：“此时松涛阵阵，此起彼伏，半弯凉月挂在天上，天边点缀着几颗小星，我于这时深感到萧瑟的诗趣，走着，走着，竟把自己拟诸山水画中的人物，作种种幽邈的遐想……”我的性灵，全在此文中，这大概是因了散步的清淡的韵致，比起我的“女人系列文章”琐琐说人谈事，屏去了热闹，来得高远吧。

如《苦瓜、蕨菜及其他》：

有时候生活清淡到自己都有点吃惊了。

尤其是对食物的欲望差不多完全超脱出来，想吃一些山野草味。有时妻子从市场上买回一些毫不起眼的蔬菜，还会有一种惊艳的感觉，并慢慢品尝出一种道理：贵的东西不一定好，平淡的东西也自有滋味。

有一次请台湾客人廖先生及夫人在家吃饭，有道菜是苦瓜炒肉片。廖夫人兴奋得很，说多少年没有尝过了，随即拉住妻子问做法。其实只要把新鲜苦瓜切片后，放点盐揉去苦汁，用辣椒和蒜做佐料，在锅上炒几下，乘着脆性即上盘。我被廖夫人的这种兴奋迷惑，来了一筷子，感到淡苦之中渗透了一种清香，再看那白里透绿的一盘苦瓜，仿佛是雨中青翠生出的嫩芽。谈到苦瓜，又想起了蕨菜。去年清明节前后，家中饭厅大小盆盛满了蕨菜，用水浸泡，妻子天天换水，这也是家中一种景观。蕨菜本身没有什么味道，味道全在佐料，但这样嫩绿的颜色与丰富的诗意，无味之味足令人心醉。那段时间，几乎天天吃蕨菜，菜一上桌，一扫而光，那种鲜嫩的感觉，伴着韭菜的清香，至今仍未咀嚼完，而父亲则不吃，一来牙不好，二来大概认为山间茅菜不入流吧。

有时食物也会像绘画中的扇面、文章里的小品、音乐里的小号独奏，格局虽小，醉心而煽情，油炸臭豆腐即是如此。一年前，在宾馆也是请台湾朋友吃饭，我特地点了一道油炸臭豆腐，用白瓷盘装着。豆腐是现炸现吃，外焦内嫩，又香，又烫，配上点辣椒面，果然好吃。朋友说他在台湾听过，但没有吃过，也许是受了思乡的蛊惑，连吃了好几块。品尝这样的豆腐，喝上几口酒，坐在宾馆里就像坐在野草地上，有清冽之香。

有些食物，看去是苦的、贱的、臭的，但吃起来却是香的、美味的。人的一生，无疑是个大题目，这样的宏伟文章，我是做不好的。而一个苦瓜，一株蕨菜也是生命，凡是生命，都可以成为文章的题目。

1999 年 3 月

再如《谈酒》中的结尾：

酒还是友情的标志。宴会聚餐固然有酒，朋友在街上邂逅相逢，寒暄过后也总是这一句：“走，我们去雅座一回！”话说得那么雅致，喝酒是一件雅事便可以想象了。喝酒不能大口地牛饮，只有低斟浅酌才最有滋味。谈话越多，酒兴越好，这一喝也许会到落日黄昏，也许会到月光洒地。记得我住在宝善街的阁楼里时，也常爱约几个少不更事的朋友，黄昏后到我的阁楼里，炸上一盆洋芋片，喝半小樽甜甜的葡萄酒，由马应昌主讲中医经典《伤寒论》，或彼此海阔天空，谈些不经世故的闲话。常常是夜深了，他们才带着薄醉，踏着悄无人声的一街月光归去。现在回忆起来，还能深切感觉得到那葡萄酒醇厚的香味。

饮酒也有讲究，尤其是中国文学中常提到的“小饮”之乐。《菜根谭》所谓“花看半开，酒饮微醺”的趣味，就是这种令人低回的境界。借着醇厚的酒香，有诗可作，有情可抒，我们的诗里也可有一点豁达自解的风流。有一次在台北，东海大学一位教授请客，带了位女作家作陪，在半醉之时，以她生花妙舌畅谈了酒的美德。她说每当饮到微醉之时，她就动手写作，这时一种介乎现实和幻想之间的创造力会特别的敏锐。我边饮边听她讲，后来她说话喋喋不休，有些含糊，看着她楚楚动人的神情，她桃红色的脸面竟也朦胧起来……

我真的是有点醉了。

1998 年 6 月

我们再来看《探戈》这篇散文：

阳光本色的失落是现代人的悲哀，但舞会里彩光流动下的探戈，那柔美的舞姿艳影，往往又能勾起艺术家诗人的灵感。只是这如舞的人生，不但用脚，更要用心灵去感悟。

一次我和妻子去参加朋友的生日舞会，同几个女士围坐一张桌子。一曲终了，灯光一变，是一支快速的三步舞曲，七彩的光在屋内旋转，打在果盘上，水果顿时变成七彩的斑点在流动，我甚至想到了塞尚画布上的色泽。再看舞会男女，每个人脸上肤色隐去，只是一些活动的彩色碎点。有一位浓妆的女士坐在我身旁，她是一位中学教师，她问我：“平日你们夫妻在不在一起跳舞?”我说：“每个星期同妻子跳两场舞。”听后她不禁诧异，说：“现代夫妻很少在一起跳舞，夫妻跳舞没有激情，这点空间是留给其他感觉的。”

当一曲探戈舞曲《鸽子》响起时，我便邀请这位女士来一曲，我想我也来一点“其他感觉”吧。她微笑着，灯光射着她清扬的眉宇，她伸出纤柔的手腕，我握住它，一转身，旋出一个美丽的舞步，这一旋把我旋到了遥远的西班牙……

探戈来自西班牙，后来传到阿根廷，原来是伸手侧头探脚，百般踢跳。现在却有很多讲究，循规蹈矩地伸手探脚，有礼貌的侧头回眸，有着深艳的情感，缠绵的步子，带一点凄凉的醉意……舞曲在进行，我与她握手向前，足尖轻柔地向侧点，翻过来，拗过去，忽而侧身向前，忽而侧目平视，忽而挺身屹立，随着惯性，她仰面向后在我的手中倒下，有一种凄壮之美。跳着跳着，我们忘记了周围，忘记了自己……

曲终了，她说："你跳得不错，谢谢！"接着又问："感觉如何？"我说很好。回到座位上，我发现，在舞步正酣的这段时间，我怠慢了妻子，刚好《红河谷》的慢四舞曲奏响，我忙拥着妻子起舞。《红河谷》是我和妻子热恋时的合唱歌曲，在烛光和灯光相映的舞池里，周围虽然是深艳的色彩，我们却舞回到纯真的岁月……

舞会散了，我们卸下了重彩，又回到了自我。我想在如舞的人生中，不要迷失了自我，障蔽了自己心灵原有的馨香，只有用心灵点燃的烛光，照着自己的舞步，才会舞出动人的探戈。

2002 年 7 月

根据这篇散文，我与梁巨成先生创作了《激情的探戈》这首歌，后来收录在我制作的碟片里；2020 年我创作了《探戈》这幅油画，并于 2021 年在文林美术馆我的第六次个人画展上展出。由此可见，文学与音乐和绘画是可以连在一起的，这是一种文化创新的模式，说明一下，油画上的主角是我和我太太。

激情的探戈

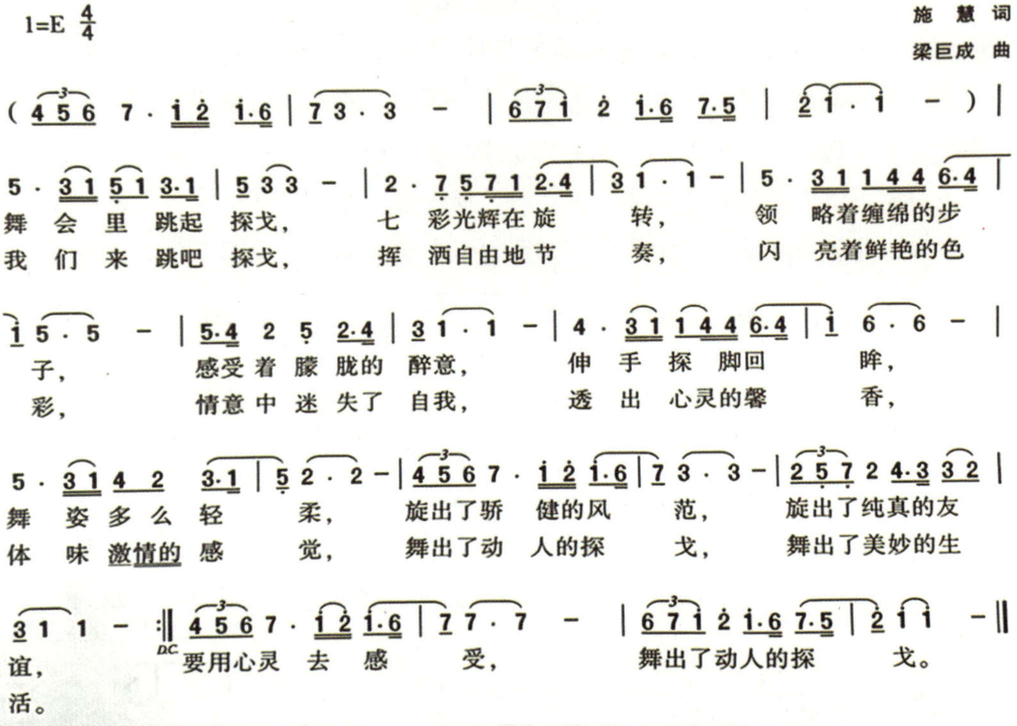

《激情的探戈》曲谱

油画作品《探戈》（绘于2020年）

旅游散记是我的另一类醉心山水的散文，在这类作品中，我用心灵去触摸大自然的柔美，写出蕴藏在心中的另一个艺术世界。我的游记散文淳朴清新，温馨而带着一丝苦涩，深沉隽永而耐人寻味。如《凝眸黑井》，把弹丸小镇的黑井绘画到烟雨缥缈的青山峡谷间，既有粗重的素描，淡淡的叙述，又有精细的工笔，浓浓的抒情。又如《青龙谷听泉》，我从与文友踏上山谷小径，淙淙的泉声扑面而来入笔，写到山林花草、虫鸣、泉声。夜里在一派疏疏朗朗的月光下，喝酒、赏月，说书法、品诗文，再沿灵秀的山谷，乘兴寻去，猛然发现山谷的泉水浸透了月光……用感情触摸泉声血脉的跳动，把山泉内在的美，抒写得那般令人神往。

《施慧声乐作品演唱专集》光碟

妻子在青龙谷留影

今夜的月光时隐时现，林中轩朗通透，一片广袤的清明，近旁的竹竿，带着沁凉的体温，泛着幽微的光泽。月光中，竹影摇曳，呈现翩翩之风韵。

走出长廊，看远山，呈半透明状，嶙峋也作灵秀，月光使一切变得妩媚，变得风姿绰约，与湛蓝的夜色融作一片，眼前这段路，铺着明亮旖旎的月光。

我沿着这条路走向池边的茅厕，走着走着，山谷的泉水浸着月光，听来格外清晰，白天里浑然一片的泉鸣，此时却能分出许多层次：那柔曼如提琴者，是草丛中淌过的小溪；那清脆如弹拨者，是石缝间漏下的滴泉；那厚重如贝斯轰响着，应为公路边万道细流汇于空谷，还有泉水绕过树根，清流拍打着卵石，则轻重缓急，远近高低，汇成一曲奇妙的交响乐。在这潇潇林海，朗朗明月前，令人放松愉悦。

贵州天池观瀑台留影

在山泉的交响中，我俯身倾听着，分辨着，仿佛能听到岁月的流逝，历史的变迁，生命的诞生、成长、繁衍、死亡，新陈代谢的声部，由弱到强，渐渐展开，升腾而成生命的主旋律……

著名作家张昆华先生曾为我写道：

行途中，施慧以默观替代昏沉的酣眠，独自以轻松的心境去看透人心与世态的真相：“忽然，传来一只母鸡下蛋后咯咯嗒的叫声，只见公鸡闻声飞也似的跑了过去。我不知道它能为母鸡做点什么，却忽然想到一句诗‘黄橙红柿紫菱角，不羡人间万户侯’，便一个人傻乎乎笑了。”（《贵州三景》）施慧的散文清丽简约，移至风景，满纸自会美而多彩。如《九乡的怀念》：“触着此种风景，使寻胜的心尽在清婉的调子里沉着，我素来偏爱欣赏古建筑在夕照中独显的苍凉美，就不免觉得，九乡夕阳中的风韵已经涵着郁氏散逸的情致，就像郁达夫《钓台的春昼》中那些清丽的描画和冷静的抒情。”由记沿途的风景，转为抒心底的幽情，读而思之，聊可触着他不凡的地方。同时语中韵致的深长也恰是施慧散文所独有的：“好像那扫帚被赋予一种神力，看似轻柔，实则柔中有刚，甚而至柔至刚，那是用心在扫，无论那雪扫到哪里，都是一片晶莹洁白。”（《雪夜闲话》）施慧恣情山水，全凭自己的心性，他有一支笔，也就够了，落日归云，山寺晨钟，总是令他铭念和感恩。

施慧只为信念而活，这种淡然的心态支配了他的定位，也就无所谓别人的青睐。他在自己的窗前围一片安恬宁静的竹林，色调淡雅，近乎闲云野鹤的世界，然这个优哉的小天地，晃荡出来的是个性和神韵。凭窗远眺，萧疏的韵致，晃荡出来的是他的随笔中的张岱、赵佶、赵孟頫等历史人物。如《寻梦的张岱》：“这是一场大静之中热闹红火的戏，是无数梦的影子，其中就有张岱的梦，曲终人不见，江上数峰青。”而风流天子赵佶，处在离了沁脾的荷香、山影、女人、诗画，以及风、雨、雪，就无法生存的一种状态。最终，“其人格精神的审美视角都相当淡，剩下的只有那一点充满技巧感的叹息和低泣”。施慧写《曲终人不见》，虽有江南的杏花春雨，黄鹏婉转，一片柔意绵长，心情却好不起来，一群软弱而无为的士大夫，“为了逃避国破家亡的历史责任，教坊青楼自然就成为他们走向世俗享乐的温柔之乡”，最终“只留下苦涩的轶事奇闻让你咀嚼”。施慧写《赵孟頫出山》，则让我们去体验另一种生存，“赵孟頫的不幸在于生活在悲剧的时代，隐亦悲，仕亦悲，成亦悲，败亦悲，这些都是绕不开的现实。”赵孟頫的书帖多像一朵花，被遗落在尘土之中，当我们随手翻开一页，都会感到那书风的魅力，这是从历史深处发出的冷香。施慧的这些文艺随笔，淡处着墨，摇曳多姿。透过这些清词丽句，我们可以窥见作者的深心，悟解其背后的底蕴。

文学这方面论述我想告一个段落了，最近10多年，由于眼疾和其他原因，我已搁笔多时了，但是并不影响我对文学的向往，我想对青年人说，文学是可以自学的，文学给予了我们文化与精神方面的深厚滋养，这是其他学科所不能替代的。

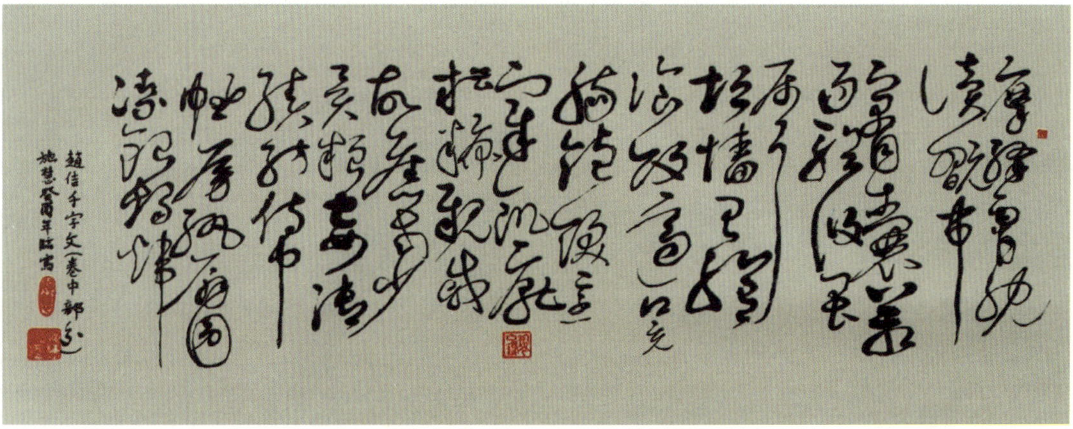

（宋）赵佶《千字文》（卷中部分）

现在我来谈一谈蒙学，云南传统蒙学研究会，已度过了19个春秋。这19年中，艰辛、忙碌之中，也充满诗意和激情。我盘点、清算一下自己心底的沉淀，在岁末留下印象的那些往事中，最后水落石出的，我把它叫作《为了蒙学的承诺》。

那是一片依偎着苦涩的芳醇，缠绵在2004年的秋季，再也不会抹去。我说的是2004年的初秋，我和千山、应昌、朱籍、秋羚、宝惠、占湘在翠湖海心亭旁的茶室，饮一壶普洱佳茗，茶室之旁，柳树成荫，浮碧流翠，我们这群意气相投的朋友，润泽了多少个翠湖春秋，也最能饮出蒙学的本质和精神。

马君是医生，人很豪放，但锋芒逼人。生活中的应昌，为人非常本色，是位性情中人。谈到学会的会址和注册资金，马君当场拍板，由他拿出资金并提供会所，大家一致推举唐正祥先生担任第一届会长，后来郑千山任了第二届会长。俞秋羚在云南老年大学里学写意花鸟画，后又跟著名书法家杨修品先生学书法，有时我与俞秋羚跳舞，她轻盈的转动，行云流水，常常把我带到遥远的地方，她那流畅的线条，华美的转身，使我相信她内心一定有一种蒙学的力量在驱动着她。

这里我还想到我的妻子，她在蒙学会中主持财务工作。生活中的妻子，比较喜欢素色、淡雅的服装，这与她的不事张扬、处事低调的性格不无关系。经过蒙学岁月的磨砺和个人的知识修养凝练出来的干练和一丝不苟的风格，也成为她的一种气质美。

2004 年初秋的那个下午，为了蒙学的承诺，没有人去刻意观察茶的舒展和浓淡的过程，而云南蒙学研究会就是在那样一个特殊的时刻，被一个特殊群体以一种特殊方式联结起来。当年我们坐在湖畔，虽是众声喧哗，却能把持住那份沉静，用自己的方式喝茶，用自己的方式解读蒙学。

从左至右：余占湘、郑千山、马应昌、梁巨成、施慧

蒙学会成立的 19 年中，艰辛中也有乐趣，清苦里总藏着清欢。也许正是那一叶清苦，熬浓了茶中的诗味。确实，翠湖给我们以无限慰藉的茶，是温厚、纯朴、热情的茶，我们几位副会长至今还津津乐道于蒙学的那个

下午……

以后，我们常聚于延安医院旁的茶室，这里是应昌提供的学会会所，也叫“会员之家”。好几次理事会都在那里召开，还是那壶渊默的普洱清茶，胸中有激情无限。应昌则常常带来大块的巧克力和盐渍花生。我们边饮边谈，淬砺着蒙学的锋锐，或评点国学讲坛，或斟酌古今，或品味书画，人茶相对，老、中、青三代理事，一样地风华正茂，意气风发。

吴生元先生演讲后为听众签名

有时，开完理事会，我和唐老师、应昌、千山、王红彬等理事会成员在腾冲风味馆喝着糯谷醇这种米酒，边吃边谈。梁巨成会用美声唱法演唱我们共同创作的《永远的勃拉姆斯》这首歌，其他理事饶有兴致地摆龙门阵。杯起杯落间传传小道，聊聊家常。有时叫上一盘花生米，待盘里飘来一阵清香，就着糯谷醇送下，不是因为肚饿，只是贪恋那份新鲜的热烫松脆和很有质感的满足。

这些年来，我们一起举办了“国学讲坛”，一、二届“蒙学音乐会”，“蒙学丛书首发式”，“科普周”等系列活动。在这些活动中，大家如鱼得水，显得特别的兴奋与活跃。这些活动有一种特别的氛围让我们保持高品位的艺术气质，这些温馨的活动以它的文学艺术质量令很多人向往。

彭荆风先生在云岭大讲堂

10多年来，蒙学会保持自己国学讲坛、蒙学音乐会这些强项的同时，也在努力拓宽自己的创作路子，如郑千山任主编，我任副主编的“云南传统蒙学丛书”（云南美术出版社出版），就是我省蒙学启蒙丛书中的一枝奇葩，丛书风格婉约清雅，童心意趣，图文并茂，荣获2007年云南社科成果三等奖。

我写《云南传统蒙学丛书·书画流芳》，下笔简约、沉稳、真挚、温馨，我以饱经沧桑的忧患意识，经风历雨的深沉目光，从书画历史的变迁中拾取任何一滴小小的生活水珠，从不同角度细心镂刻了四十位书画大家，从而反映出与他们同在那个时代的背影，并侧重于适合儿童心理的描写。

《书画流芳》书影

接下来，2010年又由郑千山主编出版了“国学启蒙小讲坛”，其中我和女儿合写了《全本百家姓》一书。蒙学会成立这19年中，负载着诗意遥远的传统文化，学会也在云岭大讲坛中展现着有血有肉的蒙学精髓，学会推荐的一批专家学者，如彭荆风、张文勋、晓雪、朱惠荣、张长、吴生元、劳伟等等，他们将哲学、宗教及人生体悟纳入国学的范畴，这两本书出版后，深受社会各界的欢迎。

《全本百家姓》书影

因此他们的讲座有一种灵感作用下的精神哲学的启蒙力量，具有一种宁静的智性之美，彭荆风、郑千山、周萍还被省委宣传部评为优秀演讲嘉宾。是的，千山确是演讲嘉宾中的佼佼者，他讲座的语言、声调、节奏以及独到的思考，几次讲座下来都能见到他清俊的才情，流畅优雅的声调以及时空交错的诗韵。听千山的讲座，听众往往会沉迷在这种很传统、很中国的蒙学意味中，以致讲完了还久久不愿离去。

2009 年 6 月 13 日下午，在宝善大酒店举行了“云南蒙学首届音乐会·施慧、梁巨成声乐作品音乐会”，那天，天公作美，景色宜人，天气出奇的好，会场上几根圆形的大柱，静悄悄地伫立，旋转楼梯旁，嘉宾云集。这天下午，只属于蒙学会的寻梦者，音乐就这样一直伴随着我们。这台音乐会主要是由梁巨成和我的声乐作品组成，由云南省音乐家协会和云南蒙学会主办，这台音乐会清新如风，清凉如水，既有古典音乐的深情，又有原生态音乐的韵味。我们常说，好的歌曲是一幅永不褪色的画，又像是埋下的一颗种子，不能在当时开花，就会在未来的岁月里发芽。

云南蒙学首届音乐会

音乐会上，施国华演唱了两首美声歌曲《小号夜曲》及《永远的勃拉姆斯》，施国华声情并茂的演唱，真的令我很感动，他那浑厚、坚实、明亮的音色，在高音区自由地滑翔，从遥远的地方向我们走来，带来梦一样温馨的记忆。

《怀念滇池》由董娴演唱。这是一支抒情女高音唱的歌，唱出了春城人民对滇池的怀念："亲爱的母亲河，心灵的母亲河……何时还我一池清清的湖水。"歌声如同清澈的微风习习拂面，一只白色的水鸟张开翅膀，在滇池的上空沿着蔚蓝的天自由地滑翔，追逐着滇池上樱花号游艇飞珠溅玉的船尾，缤纷的翅膀上闪亮着透明的水花……歌曲的结尾是诚挚而深情的呼唤。

音乐会在梁巨成先生演唱的《清明上河图》的歌声中结束了。这首乐曲，由慢板、柔板逐渐进入快板、紧板，最后进入尾声，留下无尽思念。我们似乎看到了：摊贩争售，摩肩接踵，车喧马闹，船来舟往，人声鼎沸，热闹非凡的汴河两岸繁华而闲适的情景。同时，歌曲也洋溢着古代汴京早春气息的郊野风光：晨曦朦胧，丛林扶疏，农舍酒肆，时隐时现，这首歌梁巨成已谱成大合唱，收入他的《梁巨成歌曲选集》中，梁巨成在声乐创作方面有很深的学养，从《清明上河图》丰富的和声效果和庄重活泼的旋律风格中，可以看出他独特的音乐个性，他歌曲选集的出版，也在云南音坛上留下浓重的一笔。

当然，这台音乐会也有很多不尽如人意的地方，如《荷韵》的小合唱和我与梁老师的合唱《秋天里最后的花瓣》，配合上还缺乏默契，但在一个文学艺术包括音乐在内的文化世界变得浅薄而浮躁的季节，一颗蒙学之心尚存，云南传统蒙学研究会让蒙学这粒种子绽放出如此美丽清新的花朵来，已是实属不易之事了。

演出结束了，嘉宾们还久久不愿离去，乐声似乎化作了融化在空气中花的芬芳，在大家的心里弥漫不散。

2011 年初春时节，云南蒙学第二届音乐会在昆明小太阳音乐厅举行。听惯了为诗朗诵而慷慨激昂的文字，听惯了悦耳缠绵的时尚音乐，听听古典音乐，感觉可能不一样。古典音乐以优美的旋律、和谐的和声、完美的配器、优雅的交响为人们所喜爱。音乐会上，来自云南歌舞剧团、原昆明市交响乐团等单位的音乐家们演奏了莫扎特的《弦乐小夜曲》、约翰·施特劳斯的《蓝色多瑙河》、柴可夫斯基《如歌的行板》以及德沃夏克《F 大调》（第二乐章）、《今夜感觉我的爱》（《狮子王》主题曲）等世界名曲，优美的旋律，精湛的演艺，令听众们如痴如醉。或许，这就是艺术的真谛，在当下与古代之间，架起一座美丽的艺术彩虹。

云南省蒙学研究会第二届音乐会嘉宾云集

蒙学这些年中，很多顾问相继谢世，如赵仲牧、李瑞、周尔新、周育麟、黎虹。李瑞先生曾到医馆找我看过两次眼疾，他说他最大的遗憾就是没有把他的两本文集出版。我曾写过《黎虹和他的文学情结》和《周育麟，一生跋涉为书画》，也收集在这本“散文卷”中，也算是对他们的一点纪念吧。我与周育麟先生交往甚密，周先生为人非常本色，是当代著名书画家，出生于广东梅州。周老一生，清贞自为，从一而终，一生跋涉为书画，这正是我们的文人生活中时时须备的品质。一些时代过去，一些人故去，要论说境界，只有倚仗墨色遗韵，所以去年，我把周老赠我的作品《丝瓜》(获“环球国际艺术贡献奖”金奖)，送入云南省档案馆“施慧名人档案库七十一号全宗”珍藏起来，以作永远的怀念。

今天，当我们重温那些为蒙学而奔走的日子，那些往事已化为我们精神的力量，那些大笔横扫、狂飙突进的国学讲座，给昆明的讲坛注入了国学精神的活力，令世人为之侧目。为此，云南省社科联多次授予我们“先进学会”的称号，而蒙学的氛围也开始在全省飞扬鲜活起来。

搁笔时，已是立冬夜，很多细碎的情思，其实已在我的心灵深处珍藏酝酿了很久，它们已成为我们生命和情感的一部分。我知道，即使是在梦中，我也会想得很多，千山在《高原春天里的那张笑脸》一文中说我是蒙学家，其实我在学会里只是做了些具体的工作，实在是名不符实。最近几年，由于我的健康原因，已经没有参加学会的活动，心里不免有些伤感，但是学会在省社科联的支持下，在郑千山会长的领导下，团结了我省一批年轻的学术精英，做了很多的工作，后来郑千山还当选了中华蒙学会的副会长，当下，云南蒙学研究会已成为一个具有广泛影响力的学会，学会还有小吕、小丁、小郭、张清……为了蒙学的承诺，他们会站得更高，把蒙学的种子撒得更远。

想到这里，我便安然入睡了。

参考书目

施慧：《施慧文集·艺术卷》，云南人民出版社 2012 年版。

施慧：《施慧文集·散文卷》，云南人民出版社 2012 年版。

施慧：《施慧文集·医学卷》，中国科技出版社 2015 年版。

施慧：《雨中的樱花·施慧油画作品集》，云南美术出版社 2017 年版。

施慧：《黄昏中的海滩·施慧油画作品集》，云南美术出版社 2019 年版。

施慧：《镜子·施慧油画作品集》，云南美术出版社 2020 年版。

施慧编著：《草书欣赏》，云南美术出版社 2007 年版。

梁巨成：《彩云的故乡》，云南人民出版社 2012 年版。

刘琼，程志方评注：《我的中医梦》，云南人民出版社 2015 年版。

刘桂春编著：《圣爱中医》，南方日报出版社 2017 年版。

施慧：《常见皮肤病图谱与中医效验方》，中国医药科技出版社 2018 年版。

施慧、施璐郗主编：《施慧中医妇科临床经验集》，云南科技出版社 2021 年版。

施慧：《云南传统蒙学丛书·书画流芳》，云南美术出版社 2006 年版。

张文勋：《心影履痕（张文勋的学术人生）》，北京大学出版社 2012 年版。

施慧：《尊严·施慧作曲选集》，云南人民出版社 2017 年版。

姚克敏主编：《姚氏妇科流派医文集萃》，云南科技出版社 2015 年版。

郑千山：《千山说荟》，云南民族出版社 2021 年版。

后 记

《我的自学人生》这本书即将出版了。我今年80岁，由于各种原因，浪费了大片大片的光阴，也没有机会进入高等学府深造，所以我在多个领域里的一些成就，大部分是自学的。在这里我想起了古今中外自学成才的几个例子：

立志多在少年，但宋朝文学家苏洵27岁开始发愤，立志就读，昼夜不息，结果大器晚成，终于成为唐宋八大家之一。

我国明代画家王冕，少年放牛时，立志要把荷花佳景惟妙惟肖地画出来。他不分昼夜地绘画，立志不移，后来成为当时著名的画家。

自学的艰辛，我们从齐白石的人生也可看出一二。齐白石出身贫寒，做过农活，当过木匠，后以民间画工为生。57岁时，齐白石到达北京，住在法源寺，以卖画度日。他的画很少有人问津，可见齐白石当时生意落寞得很，生活何等惨淡！1929年，到北京不久的徐悲鸿慧眼识珠，邀请齐白石到自己任院长的北京艺术学院做教授，并亲自驾马车接齐白石到校上课，还为齐白石出画册。徐悲鸿对学生说："齐白石可以和历史上任何丹青妙手相媲美，他不仅可以做你们的老师，也可以做我的老师。"从这个例子中我们可以看到，不要被学历和职称吓倒，要相信是金子总会发光的。

我常常想：人生最大的财富莫过于掌握一把自学的钥匙，打开知识的一扇扇大门，走进去沉浸其中。对于那些没有机会接受高等教育的年轻人，以及还想学点什么的中老年人，自学无疑可以抚平心中的忧愁，还可以为未来的人生确立一个方向。我今年80岁，我还在不断制订新的自学计划，以我几十年的经历，我认为自学是我人生中最大的乐趣，它成就了我人生的诸多梦想。我人生四分之一的时间是在圣爱度过的，我想把这些自学的点点滴滴以文学的体裁撰写出来，让更多的人，特别是年轻人，可以从中体会到自学是可以成才的。自学完全可以成就自己的梦想，我想以这本书拥抱每一个在人生旅途中摇摆不定的朋友。看完这本书后，大家可以勇往直前，掌握自学的钥匙，人生有什么困难是不可以克服的呢？相信我，这本书会给你力量！

这本书一共分七章，每章都是独立的，每章都可以说是一把自学的钥匙，它涉及中医、音乐、书法、油画、文学、蒙学等。这本书又是立体的，除了文字外，它收集到油画、摄影、书法、曲谱、手稿大约两百幅。这本书的顾问及编委，都是国内各领域著名的专家学者，他们为这本书的出版付出了极大的努力。

这本书的书名开始有些纠结，后来在书柜里看到了张文勋老先生送我的一本书，我突然想到张先生的书名是《张文勋的学术人生》，而张老是古典文学的大师，我当然不能叫“学术人生”，我当即拍板，就叫《我的自学人生》吧！

施　慧

2023 年 7 月